Franziska Büchl
Julia Pötzl

IM BERUF *Neu*

Fachwortschatztrainer Einzelhandel

Deutsch als Fremd- und Zweitsprache

Hueber Verlag

Zu den so gekennzeichneten Übungen und zum Lernwortschatz gibt es Audiodateien, die Sie über die kostenlose *Hueber Media*-App für Smartphone und Tablet abrufen können.

Unter *www.hueber.de/im-beruf-neu* können Sie die Audios auch im MP3-Format kostenlos herunterladen. Dort finden Sie auch die Transkriptionen und die Lösungen zu den Übungen in diesem Trainer.

4. 3. 2.
2029 28 27 26 25 | Die letzten Ziffern bezeichnen Zahl und Jahr des Drucks.

Alle Drucke dieser Auflage können, da unverändert, nebeneinander benutzt werden.

1. Auflage

Umschlaggestaltung: Sieveking Agentur, München
Layout und Satz: Sieveking Agentur, München
Verlagsredaktion: Isabel Buchwald-Wargenau, Leipzig
GPSR-Kontakt: Hueber Verlag GmbH & Co. KG, Baubergerstraße 30, 80992 München, kundenservice@hueber.de
Druck und Bindung: Friedrich Pustet GmbH & Co. KG, Gutenbergstraße 8, 93051 Regensburg, technik@pustet.de
Printed in Germany
ISBN 978–3–19–381190–5

Art. 530_25829_001_02

Inhalt

Anhang

Vorwort

Mehr als 600 Wörter aus dem Fachwortschatz Einzelhandel wurden für diesen Trainer thematisch in 34 Wortfelder gruppiert. Je eine Doppelseite zu jedem Wortfeld bietet abwechslungsreiche Übungen und eine Liste des Lernwortschatzes mit Linien zum Eintragen der eigenen Übersetzung.

Die ersten zehn Wortfelder haben wir zum besseren Kennenlernen der Übungstypen konsequent mit Beispiellösungen versehen. In den Wortfeldern 11 bis 34 haben nur noch unbekannte Übungstypen solche Beispiellösungen.

Übungen auf der Grundlage eines Hörtextes sind durch ein Lautsprechersymbol besonders gekennzeichnet. Diese Hörtexte und die Vertonung des Lernwortschatzes sind über eine kostenlose App für Smartphone und Tablet abrufbar. Unter *www.hueber.de/im-beruf-neu* finden Sie die Audiodateien auch im MP3-Format zum kostenlosen Download. Sie können dort auch die Transkriptionen und die Lösungen zu den Übungen in diesem Trainer kostenlos herunterladen.

Zum schnellen Auffinden einzelner Wörter dient das Wörterverzeichnis im Anhang ab Seite 74.

Viel Spaß und Erfolg mit unserem Fachwortschatztrainer Einzelhandel
wünschen Ihnen
die Autorinnen und der Verlag

Einige Tipps fürs Wörterlernen

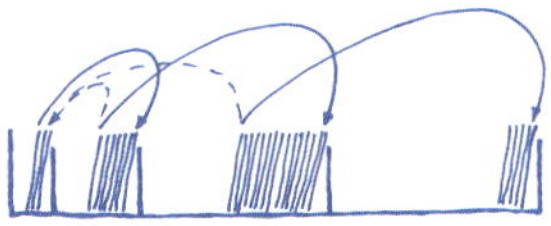

Karteikarten

Schreiben Sie die Wörter, die Sie lernen möchten, zusammen mit einem Beispielsatz auf Karteikarten. Notieren Sie auf die Rückseite die Übersetzung. Besorgen Sie sich einen Karteikasten. Neue Kärtchen kommen ins erste Fach. Wenn Sie ein Wort können, wandert es ein Fach nach hinten. Die Wörter in den hinteren Fächern werden ab und zu kontrolliert. Beherrschen Sie eine Vokabel bei der Überprüfung nicht mehr, kommt sie wieder ins erste Fach. Das letzte Fach ist das Archiv. Aber auch diese Wörter sollten Sie gelegentlich überprüfen.

Wörternetze

Notieren Sie Wörter, die zusammengehören, in einem Wörternetz und sammeln Sie diese Netze. Wenn Sie ein neues Wort lernen, das dazu passt, ergänzen Sie Ihr Netz.

Wort-Bild-Karten

Schreiben Sie das Wort auf ein Kärtchen und kleben Sie auf ein anderes Kärtchen ein passendes Bild oder zeichnen Sie selbst. Mit einer Sammlung dieser Kartenpaare können Sie ein Memo-Spiel oder, wenn Sie ein Bild und ein nicht dazu passendes Wort zusammenkleben, Domino spielen. Das macht am meisten Spaß, wenn Sie mit mehreren zusammen spielen.

Diese Spiele funktionieren auch, wenn Sie Teile von zusammengesetzten Wörtern auf die Kärtchen schreiben.

Schreiben

Schreiben Sie die Wörter öfter mal mit der Hand. Was man geschrieben hat, prägt sich besser ein, und mit der Hand funktioniert das besser als mit dem Computer.
Sie können zu den Wörtern auch Beispielsätze aus Ihrem Berufsalltag aufschreiben. Oder Sie schreiben Sätze, die den Begriff definieren.

Ein Stammkunde kommt schon seit vielen Jahren immer wieder zum gleichen Geschäft.

Bewegung

Auch Bewegung hilft beim Lernen. Legen Sie die Lernwortschatzliste zum Beispiel in die Küche und decken Sie die deutsche Seite zu. Schauen Sie ein muttersprachliches Wort an, gehen Sie ins Wohnzimmer und notieren Sie dort das deutsche Wort usw., bis Sie die Liste abgearbeitet haben.

1 Arbeiten im Einzelhandel

1 Ergänzen Sie.

die Ausbildung

der Arbeitsvertrag

der Kollege

die Filialleiterin

Verdi-Demonstration in Wiesbaden, Deutschland – 19.03.2014

die Gewerkschaft

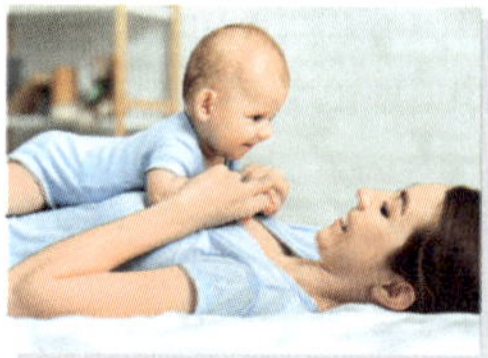

der Mutterschutz

der Schichtplan

1 Nach der Schule machen viele Menschen eine Ausbildung.
2 Wann man arbeiten muss und wann man frei hat, steht im ______.
3 Mario Díaz arbeitet in der gleichen Filiale. Er ist Frau Lis ______.
4 Die Chefin leitet die Filiale. Sie ist die ______.
5 Vor und nach der Geburt darf eine Frau nicht arbeiten. Sie ist im ______.
6 Eine ______ kümmert sich darum, dass Arbeitnehmerinnen und Arbeitnehmer gute Arbeitsbedingungen haben.
7 Wenn man einen Job anfängt, unterschreibt man einen ______.
Darin steht zum Beispiel, wie viel man verdient und wie viele Tage Urlaub man hat.

2 Hören Sie und ergänzen Sie. Hören Sie dann noch einmal zur Kontrolle.

Aushilfe | Auszubildende | Betriebsrat | Elternzeit | Filiale | halbtags | Handelsfachwirtin | Verkäuferin | Vollzeit

Schön, dass Sie bei uns in der [1] Filiale anfangen! Mein Name ist Polat, ich bin Filialleiterin und geprüfte [2] ______. Liebe Kolleginnen und Kollegen, das ist Frau Napoor, sie wird ab heute in [3] ______ bei uns arbeiten. Sie ist gelernte [4] ______. Frau Napoor, ich stelle Ihnen jetzt das Team vor: Das ist Frau Lopez, sie ist unsere [5] ______. Daneben steht Herr Rieger, er ist im [6] ______. Wenn Sie Probleme haben, können Sie mit ihm sprechen. Das ist Frau Yilmaz, sie arbeitet [7] ______. Und da ist Herr Berger, er ist Student und arbeitet hier als [8] ______. Habe ich jemanden vergessen? Ach ja, Herr Aman. Er ist Vater geworden und gerade in [9] ______.

3 Ergänzen Sie.

1 die Kollegin — der Kollege
2 .... — der Filialleiter
3 .... — der Auszubildende
4 die Betriebsrätin — ....
5 die Verkäuferin — ....
6 .... — der Handelsfachwirt
7 .... — der Einzelhandelskaufmann

4 Bilden Sie Wörter und notieren Sie mit Artikel.

1 die Mutter + der Schutz = der Mutterschutz
2 die Eltern + die Zeit = ...
3 die Schicht + der Plan = ...
4 die Arbeit + s + der Vertrag = ...

5 Finden Sie noch vier Wörter und ergänzen Sie.

JDAUSHILFEDXHALBTAGSAFILIALESABETRIEBSRATKLMNTVERKÄUFERKSDHEU

1 Frau Yilmaz möchte viel Zeit für die Familie haben, deswegen arbeitet sie halbtags.
2 Herr Aman ist mit seiner Arbeit unzufrieden. Er vereinbart einen Termin mit dem ....
3 Herr Al Hassan möchte eine Ausbildung zum .... machen.
4 Frau Li ist Studentin. Sie arbeitet samstags als ....
5 Frau Polat ist Filialleiterin. Sie leitet die .... seit fünf Jahren.

6 Mit wem arbeiten Sie zusammen? Machen Sie Notizen.

Lernwortschatz

der Arbeitsvertrag, ¨-e ....
die Ausbildung, -en ....
die Aushilfe, -n ....
der/die Auszubildende, Auszubildende / die Auszubildenden ....
der Betriebsrat, ¨-e / die Betriebsrätin, -nen ....
der Einzelhandelskaufmann (Pl.: -leute) / die Einzelhandelskauffrau, -en ....
die Elternzeit (Sg.) ....
die Filiale, -n ....
der Filialleiter, – / die Filialleiterin, -nen ....
die Gewerkschaft, -en ....
halbtags ....
der Handelsfachwirt, -e / die Handelsfachwirtin, -nen ....
der Kollege, -n / die Kollegin, -nen ....
leiten, hat geleitet ....
der Mutterschutz (Sg.) ....
der Schichtplan, ¨-e ....
der Verkäufer, – / die Verkäuferin, -nen ....
die Vollzeit (Sg.) ....

2 Der Arbeitsplatz im Einzelhandel

1 Beschriften Sie die Bilder.

der Blumenladen | ~~der Einzelhandel~~ | der Großmarkt | der Messestand | der Schmuckladen | der Wochenmarkt

1 der Einzelhandel

2 ....

3 ....

4 ....

5 ....

6 ....

2 Verbinden Sie.

1 das Geschäft
2 der Schmuckladen
3 der Blumenladen
4 der Großmarkt
5 der Messestand

A der Juwelier
B der Grossist
C die Hostess
D der Einzelhändler
E der Florist

3 Bilden Sie Wörter und beschriften Sie die Bilder.

bereichKassen | bereichService | flächeVerkaufs | gerLag | raumPausen | ~~waltungVer~~

1 die Verwaltung

2 das ....

3 der ....

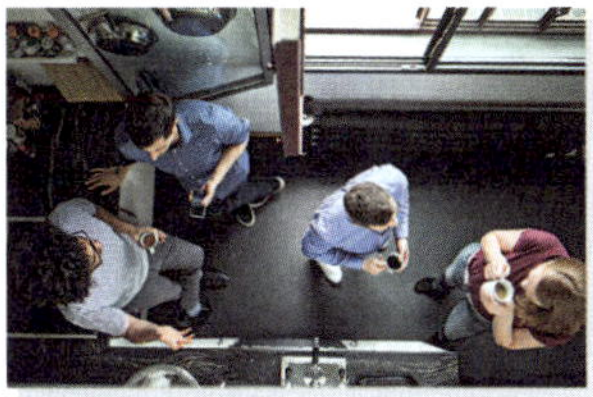

4 der ____________

5 der ____________

6 die ____________

4 Ergänzen Sie. Hilfe finden Sie im Lernwortschatz.

1 die Verkaufs fläche
2 die Verwalt ____________
3 der Kassen ____________
4 der Messe ____________
5 der Pausen ____________
6 die Einzel ____________
7 der Service ____________
8 der Wochen ____________

5 Hören Sie und ergänzen Sie.

◆ Hallo Kim. Schön, dich wiederzusehen. Arbeitest du noch im [1] Blumenladen als [2] ____________?

○ Nein, ich mochte es nicht, so früh aufzustehen, um die Blumen im [3] ____________ einzukaufen. Die Arbeit in einem [4] ____________ ist nichts für mich. Ich arbeite jetzt auf Messen als [5] ____________.

◆ Aber ist es nicht sehr anstrengend, den ganzen Tag an einem [6] ____________ zu stehen?

○ Klar, aber man verdient gut. Und was machst du jetzt? Es ist schon lange her, dass wir zusammen beim [7] ____________ gearbeitet haben.

◆ Leider habe ich danach keinen Job im [8] ____________ gefunden. Ich arbeite jetzt in einem [9] ____________. Aber das Tragen ist anstrengend. Ich würde lieber im [10] ____________ sitzen.

6 Wo arbeiten Sie? Beschreiben Sie Ihren Arbeitsplatz.

Lernwortschatz

der Blumenladen, ¨ ____________
der Einzelhandel (Sg.) ____________
der Einzelhändler, – / die Einzelhändlerin, -nen ____________
der Florist, -en / die Floristin, -nen ____________
das Geschäft, -e ____________
der Grossist, -en ____________
der Großmarkt, ¨-e ____________
die Hostess, -en ____________
der Juwelier, -e ____________
der Kassenbereich, -e ____________
das Lager, – ____________
der Messestand, ¨-e ____________
der Pausenraum, ¨-e ____________
der Schmuckladen, ¨-en ____________
der Servicebereich, -e ____________
die Verkaufsfläche, -n ____________
die Verwaltung, -en ____________
der Wochenmarkt, ¨-e ____________

3 Vom Hersteller zum Verbraucher

1 Ordnen Sie zu.

ambulanter Handel | Bestell- und Versandhandel | Direktvertrieb | ~~stationärer Handel~~

1 Bei der klassischen Betriebsform im Einzelhandel findet der Handel und der Verkauf in einem stationären Geschäft statt. Kunden können hier die Waren anschauen und auswählen. stationärer Handel

2 Bei dieser Betriebsform bestellt der Kunde und bekommt die Ware dann nach Hause geliefert. Die Ware wird über das Internet oder eine Hotline bestellt. Der Verkäufer versendet die Waren dann. ....

3 Diese Betriebsform findet nicht in einem bestimmten Geschäft statt, sondern ambulant. Das heißt, dass zum Beispiel ein Vertreter direkt zum Kunden kommt oder dass an Ständen oder auf Wochenmärkten verkauft wird. ....

4 Bei dieser Betriebsform werden Waren direkt beim Hersteller verkauft. Beispiele sind Factory Outlets. ....

2 Welches Verb passt? Beschriften Sie die Bilder.

bestellen | herstellen | versenden | ~~vertreten~~

1 vertreten

2 ....

3 ....

4 ....

3 Verbinden Sie.

1 der Vertrieb	A herstellen
2 der Vertreter	B handeln
3 der Hersteller	C bestellen
4 die Bestellung	D vertreten
5 der Versand	E verbrauchen
6 der Verbraucher	F versenden
7 der Handel	G vertreiben

4 Bilden Sie noch drei Verben und notieren Sie.

~~be~~ | brauchen | her | ~~stellen~~ | stellen | treten | ver | ver

bestellen, ...

....

5 Wie gelangen Waren von der Herstellung zum Verbraucher? Beschriften Sie.

der Direktvertrieb   der Einzelhandel   Handel   ~~die Herstellung~~   der Verbraucher

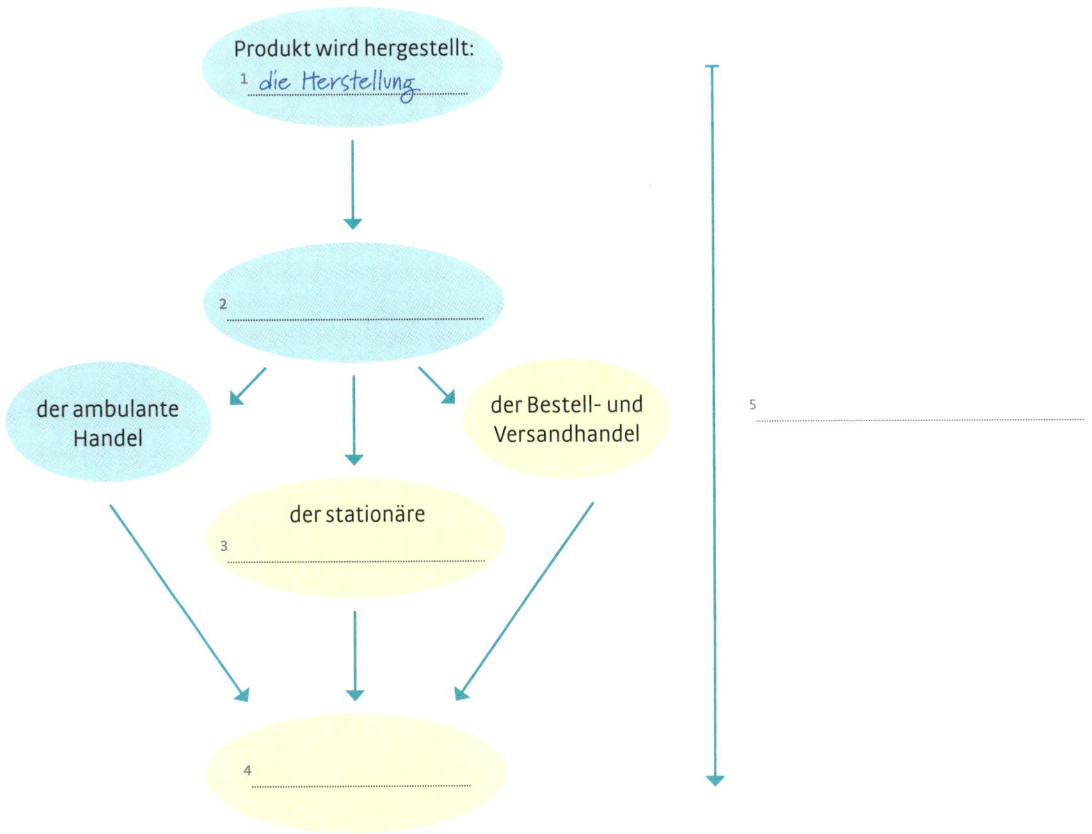

6 Wählen Sie eine Betriebsform des Einzelhandels aus Aufgabe 1 und beschreiben Sie sie.

Lernwortschatz

ambulant ……………

bestellen, hat bestellt ……………

der Bestell- und Versandhandel (Sg.) ……………

……………

die Bestellung, -en ……………

der Direktvertrieb (Sg.) ……………

der Handel (Sg.) ……………

handeln, hat gehandelt ……………

herstellen, hat hergestellt ……………

der Hersteller, – ……………

die Herstellung (Sg.) ……………

stationär ……………

verbrauchen, hat verbraucht ……………

der Verbraucher, – / die Verbraucherin, -nen ……………

……………

der Versand (Sg.) ……………

versenden, hat versendet ……………

vertreiben, hat vertrieben ……………

vertreten, hat vertreten ……………

der Vertreter, – / die Vertreterin, -nen ……………

……………

der Vertrieb, -e ……………

4 Wirtschaft und Wirtschaftsgüter

1 Ergänzen Sie.

Wirtschaft

freie Güter

Produktionsgüter

Konsumgüter

Dienstleistung

Rechte

knappe Güter

Luxusgüter

1 Wirtschaft meint alle Tätigkeiten, die mit der Herstellung und dem Verkauf von Gütern zu tun haben.
2 Sonne, Wasser und Luft sind Beispiele für _____.
3 Güter, die Kunden zum Beispiel im Supermarkt kaufen können, nennt man _____.
4 Ein Gut muss man nicht anfassen können. Ein Besuch beim Friseur ist auch ein Gut. Das nennt man _____. Weitere Güter, die man nicht anfassen kann, sind _____, zum Beispiel Regeln und Gesetze.
5 Besonders teure Güter wie Autos und Schiffe nennt man _____.
6 Alle Güter, die zur Produktion genutzt werden, nennt man _____. Das sind zum Beispiel Schrauben, aber auch Maschinen und Fahrzeuge.
7 Güter, die nicht immer und überall vorhanden sind (= die knapp sind), nennt man _____.

2 Bilden Sie Verben und ergänzen Sie.

1 die Investition investieren
2 das Angebot _____
3 die Nachfrage _____
4 der Konsum _____

Zwei Kaufleute im Gespräch

3 Ergänzen Sie.

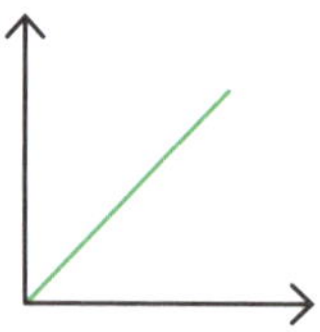
steigen

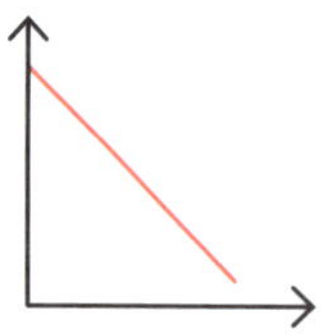
sinken

1 Wenn die Nachfrage nach einem Produkt größer wird, dann _____ die Preise.
2 Wenn die Nachfrage nach einem Produkt kleiner wird, dann _____ die Preise.

4 **Bilden Sie Komposita und notieren Sie mit Artikel.**

1 der Kauf + die Leute = die Kaufleute
2 die Wirtschaft + s + die Güter = ……………
3 die Produktion + s + das Gut = ……………
4 der Dienst + die Leistung = ……………

5 **Schreiben Sie die Wörter richtig.**

Wenn es den Menschen gut geht und sie viel kaufen und [1] investieren (tiereninves), geht es auch der [2] …………… (schaftWirt) gut. Es gibt ein großes [3] …………… (geAnbot) an Waren und eine große [4] …………… (fraNachge) nach Waren. Es werden dann auch viele teure Dinge gekauft, wie zum Beispiel [5] …………… (güLuxuster). Der [6] …………… (sumKon) von Wirtschaftsgütern ist wichtig für ein Land. Wenn Menschen aufhören zu [7] …………… (sumierenkon), ist das für die Wirtschaft nicht gut.

6 **Notieren Sie Beispiele für verschiedene Güter.**

Lernwortschatz

anbieten, hat angeboten ……………
das Angebot, -e ……………
die Dienstleistung, -en ……………
freie Güter ……………
das Gut, ¨-er ……………
investieren, hat investiert ……………
die Investition, -en ……………
der Kaufmann (Pl.: -leute), die Kauffrau, -en ……………
knappe Güter ……………
der Konsum (Sg.) ……………
das Konsumgut, ¨-er ……………
konsumieren, hat konsumiert ……………
das Luxusgut, ¨-er ……………
die Nachfrage, -n ……………
nachfragen, hat nachgefragt ……………
das Produktionsgut, ¨-er ……………
das Recht, -e ……………
sinken, ist gesunken ……………
steigen, ist gestiegen ……………
die Wirtschaft (Sg.) ……………
das Wirtschaftsgut, ¨-er ……………

5 Das Sortiment

1 Lesen Sie und ordnen Sie die markierten Wörter den Bildern zu.

Das Sortiment im Schuhladen

Ein Sortiment sind alle Waren und Warengruppen eines Geschäfts. Man kann drei Sortimente unterscheiden. Zum Kernsortiment gehören alle Waren, die den größten Umsatz bringen und immer auf Lager sind. In einem Schuhladen sind das zum Beispiel Schuhe. Oft bieten Geschäfte ein Zusatzsortiment an. Das sind zusätzliche Waren, die das Kernsortiment ergänzen, im Schuhladen zum Beispiel Schuhputzmittel. Außerdem gibt es das Randsortiment. Das sind Waren, die Kunden selten kaufen, im Schuhladen zum Beispiel Schuhlöffel. Zusätzlich gibt es das Saisonsortiment und das Aktionssortiment. Typische Saisonware sind zum Beispiel Sandalen im Sommer und warme Stiefel im Winter. Der Verkauf einer bestimmten Marke oder eines speziellen Designs ist ein Beispiel für das Aktionssortiment.

1 Kernsortiment

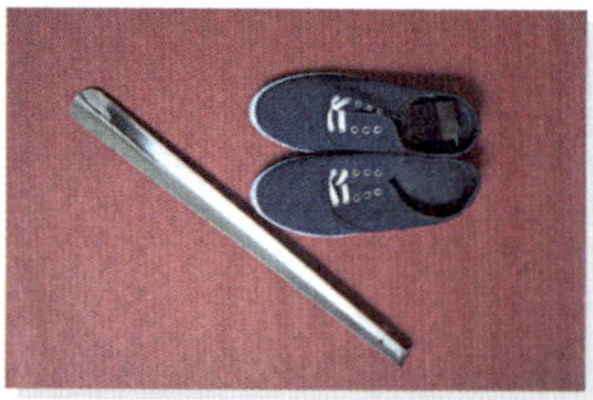

2 ....

3 ....

4 ....

5 ....

2 Ergänzen Sie.

Kernsortiment | Randsortiment | Saisonsortiment | Warengruppen | ~~Zusatzsortiment~~

1 Das Zusatzsortiment bilden Waren, die man zusätzlich zum Kernsortiment kaufen kann.
2 Die verschiedenen Artikel und Waren werden zu .... zusammengefasst.
3 Im .... werden die wichtigen Waren angeboten. Mit ihnen macht das Geschäft den größten Umsatz.
4 Sandalen und andere Sommerschuhe werden nicht das ganze Jahr im Sortiment geführt. Sie gehören zum ....
5 Produkte im .... werden selten verkauft. Der Umsatz mit diesen Waren ist gering.

3 Beschriften Sie die Bilder.

~~das Fachgeschäft~~

das Kaufhaus

das Spezialgeschäft

der Tankstellenshop

1 das Fachgeschäft

2 ....

3 ....

4 ....

4 Betrachten Sie das Schaubild und ergänzen Sie.

~~breites~~ flaches schmales tief

1 Ein breites Sortiment umfasst viele verschiedene Waren und Warengruppen.
2 Ein Fachgeschäft hat eine große Auswahl in einer Branche. Das Sortiment ist schmal und ....
3 Ein Tankstellenshop hat ein breites und .... Sortiment.
4 Ein .... Sortiment hat wenige verschiedene Produkte.

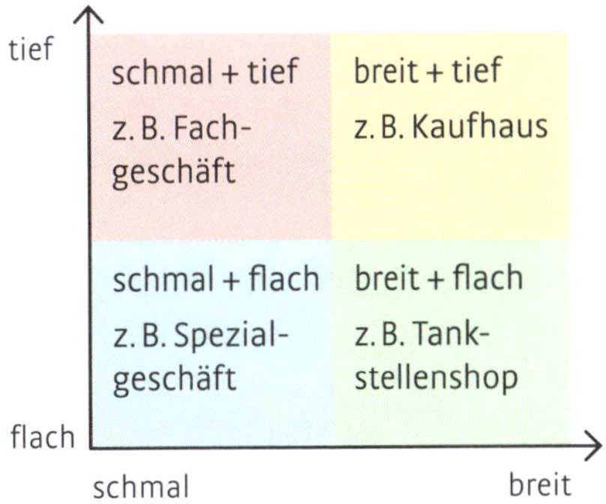

5 Welches Sortiment führen Ihre Lieblingsgeschäfte? Notieren Sie.

Lernwortschatz

das Aktionssortiment, -e ....
breit ....
das Fachgeschäft, -e ....
flach ....
das Kaufhaus, ¨-er ....
das Kernsortiment, -e ....
das Randsortiment, -e ....
das Saisonsortiment, -e ....
schmal ....

der Schuhladen, ¨ ....
der Schuhlöffel, – ....
das Schuhputzmittel, – ....
das Sortiment, -e ....
das Spezialgeschäft, -e ....
der Tankstellenshop, -s ....
tief ....
die Warengruppe, -n ....
das Zusatzsortiment, -e ....

6 Preise

1 Hören Sie und ergänzen Sie die fehlenden Vokale.

VORLESEN

Preiskalkulation im Handel

Wie [1]berechnen sich die Preise? Es ist wichtig, alle [2]K_sten zu beachten und mitzurechnen. Ein Beispiel: Die Supermarkt AG kauft Waren beim Hersteller. Der Hersteller gibt der Supermarkt AG 20 Prozent [3]R_b_tt. Die Supermarkt AG zahlt pro Stück zum Beispiel 35 Euro und erhält 7 Euro Rabatt. Das ergibt einen [4]_inkaufspr__s von 28 Euro inklusive [5]M_hrw_rtsteuer.

Die Supermarkt AG will mit den Waren Geld verdienen und Gewinn machen. Auch die Kosten müssen [6]g_d_ckt sein. Deswegen werden bei der [7]Preisk_lk_l_tion auch die Kosten für das Lager, die Verwaltung, das Personal und die Miete für das Geschäft mitberechnet. Diese Kosten nennt man [8]H_ndl_ngsk_st_n. Diese machen meistens zwischen 30 und 50 Prozent aus. Der Einkaufspreis mit den Handlungskosten wird [9]S_lbstk_st_n genannt.

Auf die Selbstkosten wird der Gewinn [10]aufg_schl_g_n. Der Gewinn ist das, was das Unternehmen an einem Produkt verdient. Die Supermarkt AG will mit dem Produkt 20 Prozent Gewinn machen. Sie muss deshalb den [11]Verk__fspr__s um 20 Prozent erhöhen. Der Preis ist dann aber [12]n_tt_, das heißt ohne [13]_ms_tzsteuer. Der Verkaufspreis [14]br_tt_ ist inklusive Umsatzsteuer. Häufig wird die Summe auf dem Preisschild dann noch [15]g_rund_t.

2 Ergänzen Sie.

brutto | Einkaufspreis | Handlungskosten | netto | ~~Preiskalkulation~~ | Preisschild

1 Wenn man Preise berechnet, nennt man das Preiskalkulation.
2 Kunden sehen auf dem ______, wie viel ein Produkt kostet.
3 Ein Unternehmen bestellt Waren beim Hersteller zum ______.
4 Preise ohne Umsatzsteuer sind ______.
5 Kosten für die Verwaltung und das Personal nennt man in der Preiskalkulation ______.
6 Der Verkaufspreis auf dem Preisschild ist ______.

3 Was passt? Verbinden Sie.

1 die Summe — B
2 den Preis
3 die Kosten
4 20 Prozent Gewinn
5 10 Prozent Rabatt

A geben
B runden
C machen
D berechnen
E decken

4 Ergänzen Sie.

abziehen ~~auspreisen~~ Bestseller Preis-Leistungs-Verhältnis runden

1 Wenn man ein Preisschild an ein Produkt macht, nennt man das auspreisen.
2 Ein Produkt, das sich besonders gut verkauft, ist ein ....
3 Ein anderes Wort für „minus rechnen" ist .... Es wird etwas von einer Summe abgezogen, also etwas weggenommen.
4 Wenn sowohl der Preis als auch das Produkt gut ist, stimmt das ....
5 Damit ein Preis schnell bezahlt werden kann, kann man ihn ....

5 Wie werden Preise kalkuliert? Machen Sie Notizen.

Lernwortschatz

abziehen, hat abgezogen ....
aufschlagen, hat aufgeschlagen ....
auspreisen, hat ausgepreist ....
berechnen, hat berechnet ....
der Bestseller, – ....
brutto ....
decken, hat gedeckt ....
der Einkaufspreis, -e ....
der Gewinn, -e ....
die Handlungskosten (Pl.) ....
kalkulieren, hat kalkuliert ....
die Kosten (Pl.) ....
die Mehrwertsteuer (Sg.) (MwSt.) ....
netto ....
die Preiskalkulation, -en ....
das Preis-Leistungs-Verhältnis, -se ....
das Preisschild, -er ....
der Rabatt, -e ....
runden, hat gerundet ....
die Selbstkosten (Pl.) ....
die Summe, -n ....
die Umsatzsteuer (Sg.) (USt.) ....
der Verkaufspreis, -e ....

7 Rabatt und Verkaufsaktionen

1 Ergänzen Sie.

der Mengenrabatt

der Jahresbonus

das Skonto

die Treuepunkte

der Schlussverkauf

der Aktionsverkauf

1 Am Ende eines Geschäftsjahrs bekommen Einzelhändler, die besonders viel gekauft haben, von den Herstellern einen Jahresbonus.
2 Ende Januar und Ende Juli beginnt in den Bekleidungsgeschäften oft der ________ (auch „Sale“ genannt). Er ist wichtig, damit im Laden Platz für die neue Mode frei wird.
3 Wenn man eine Rechnung sofort bezahlt, bekommt man bei vielen Lieferanten ________.
4 Wenn man von einem Produkt eine größere Menge kauft, kann man einen ________ bekommen.
5 Damit Kunden immer wiederkommen, geben viele Supermärkte ihren Kunden ________.
6 Viele Läden planen hin und wieder einen ________. Das macht man zum Beispiel zu einem Jubiläum oder wenn man ein besonderes Angebot machen kann.

2 Hören Sie und ergänzen Sie dann.

Aktionskalender ~~Altkunden~~ Flyer Kundenmagazin Laufkundschaft Preisbindung Preisempfehlung Preisnachlass

1 Kunden, die schon lange im gleichen Geschäft einkaufen, nennt man Altkunden.
2 Im ________ kann man sich über das Angebot, Gewinnspiele und Aktionsverkäufe informieren. Es ist meistens kostenlos.
3 Alle Termine für Sales und Aktionsverkäufe stehen im ________.
4 Ein anderes Wort für Rabatt ist ________.
5 Manche Waren müssen in jedem Geschäft gleich viel kosten. Das nennt man ________.
6 In den Geschäften im Stadtzentrum kaufen viele verschiedene Kunden ein. Man nennt das ________.
7 Manchmal machen Hersteller einen Preisvorschlag für ein Produkt. Das nennt man eine unverbindliche ________.
8 Damit alle Kunden von Aktionen und Rabatten erfahren, kann man ________ verteilen.

3 Bilden Sie Komposita und notieren Sie mit Artikel.

1 die Aktion + s + der Verkauf = der Aktionsverkauf
2 der Preis + der Nachlass = ……………
3 das Jahr + es + der Bonus = ……………
4 die Treue + die Punkte = ……………
5 der Schluss + der Verkauf = ……………
6 die Menge + n + der Rabatt = ……………

4 Schreiben Sie die Wörter richtig.

1 Rabatt geben: Rabatt gewähren (rengewäh)
2 Kunden Flyer geben: Flyer …………… (teilenver)
3 Preisnachlass bei schneller Zahlung: das …………… (toSkon)
4 verschiedene, wechselnde Kunden: die …………… (schaftLaufkund)
5 ein anderes Wort für Sale: der …………… (kaufverSchluss)
6 Heft mit Angeboten und Gewinnspielen: das …………… (magaKundenzin)
7 Preis vom Hersteller empfohlen: …………… (bindlicheunver empfehPreislung)
8 Terminkalender für Aktionen: der …………… (kalenAktionsder)

5 Lösen Sie das Rätsel und finden Sie das Lösungswort.

1 ein fester Preis, zum Beispiel bei Büchern: die [P] [ ] [ ] [ ] [■] [ ] [ ] [ ] [ ] [ ] [ ] [ ]
2 ein anderes Wort für Rabatt: der [P] [ ] [ ] [ ] [ ] [ ] [■] [ ] [ ] [ ] [ ] [ ] [ ]
3 das Gegenteil von Neukunde: der [A] [■] [ ] [ ] [ ] [ ] [ ] [ ]
4 ein Zettel mit Werbung: der [F] [ ] [ ] [■] [ ]

Lösung: ……………

6 Welche Aktionen hat Ihr Geschäft dieses Jahr gemacht? Berichten Sie.

Lernwortschatz

die Aktion, -en ……………
der Aktionskalender, – ……………
der Aktionsverkauf, ¨-e ……………
der Altkunde, -n ……………
der Flyer, – ……………
gewähren, hat gewährt ……………
der Jahresbonus, Jahresboni ……………
das Kundenmagazin, -e ……………
die Laufkundschaft (Sg.) ……………
der Mengenrabatt, -e ……………
der Neukunde, -n ……………
die Preisbindung, -en ……………
der Preisnachlass, ¨-e ……………
der Sale, -s ……………
der Schlussverkauf, ¨-e ……………
der/das Skonto, -s/Skonti ……………
der Treuepunkt, -e ……………
die unverbindliche Preisempfehlung ……………
……………
verteilen, hat verteilt ……………

8 Kunden gewinnen – Kunden binden

1 Hören Sie und ergänzen Sie dann.

es eilig haben

Einwände haben

feilschen

sparsam

spontan

überzeugen

unentschlossen

1 Ein bisschen billiger, bitte? Manche Kunden versuchen zu feilschen, um einen besseren Preis zu bekommen.
2 Zu teuer, zu unpraktisch, nicht schön: Kunden ______________, warum sie ein Produkt nicht kaufen wollen. Gerade ______________ Kunden möchten keine hohen Preise zahlen. Stattdessen suchen sie oft nach Schnäppchen.
3 Brauche ich das wirklich? Manche Kunden sind ______________, ob sie etwas kaufen wollen oder nicht. Andere hingegen kaufen sehr ______________, ohne sich vorher zu überlegen, was sie brauchen.
4 Schnell, schnell, keine Zeit! Viele Kunden ______________ beim Einkauf.
5 Das ist genau das richtige Produkt für Sie! Kunden zu ______________, gehört zu den wichtigsten Aufgaben als Einzelhändler.

2 Hören Sie und kreuzen Sie an.

1 Herr Meier ist ☒ Stammkunde. ○ Laufkundschaft.
Er wird von der Verkäuferin ○ geduzt. ○ gesiezt.
2 Der Kunde hat ○ es eilig. ○ einen Einwand.
3 Die Kundin möchte ○ feilschen. ○ eine Kundenkarte.
4 Für den Kunden ist der Fernseher ein ○ Schnäppchen. ○ Impulskauf.
5 Der Kunde ist ○ unentschlossen. ○ spontan.

3 Welches Wort aus 1 passt zu den Personen? Ergänzen Sie.

1 Wenn Simon etwas sieht, das ihm gefällt, dann kauft er es, auch wenn er es gar nicht braucht.
Er ist sehr spontan.
2 Tara überlegt lange, bevor sie etwas kauft. Sie kann sich oft nicht entscheiden.
Tara ist ______________.
3 Luis kauft nur Schnäppchen. Am liebsten aber spart er sein Geld.
Er ist sehr ______________.

4 Schreiben Sie die Wörter richtig.

1 der Impulskauf (Imkaufpuls)
2 die .... (bindungKunden)
3 die .... (karteKunden)
4 die .... (karteRabatt)
5 der .... (kundeStamm)
6 die .... (redeAn)
7 die .... (schaftKund)

5 Verbinden Sie.

1	die Kundenbindung	A	wenig Geld ausgeben
2	überzeugen	B	Kunden dazu bringen, regelmäßig zu kommen
3	duzen	C	„Sie“ zu jemandem sagen
4	siezen	D	Karte, mit der man weniger zahlen muss
5	das Schnäppchen	E	„du“ zu jemandem sagen
6	die Rabattkarte	F	ein Produkt ist billiger als normal
7	sparsam	G	die Meinung von jemandem ändern

6 Welche Eigenschaften von Kundinnen und Kunden fallen Ihnen noch ein? Notieren Sie.

Eigenschaften:
sparsam
unentschlossen
spontan
...

Lernwortschatz

die Anrede, -n ....
duzen, hat geduzt ....
es eilig haben ....
der Einwand, ¨-e, Einwände haben ....
....
feilschen, hat gefeilscht ....
der Impulskauf, ¨-e ....
die Kundenbindung, -en ....
die Kundenkarte, -n ....

die Kundschaft (Sg.) ....
die Rabattkarte, -n ....
das Schnäppchen, – ....
siezen, hat gesiezt ....
sparsam ....
spontan ....
der Stammkunde, -n ....
überzeugen, hat überzeugt ....
unentschlossen ....

9 Verkaufsgespräche führen

1 Welche Sätze hören Sie? Kreuzen Sie an. Hören Sie dann noch einmal zur Kontrolle.

1 ☒ Kann ich Ihnen weiterhelfen?
2 ○ Eine sehr gute Wahl.
3 ○ Wie viel Geld möchten Sie ausgeben?
4 ○ Haben Sie sonst noch einen Wunsch?
5 ○ Kommen Sie mit, ich zeige Ihnen unser Angebot.
6 ○ Der Preis liegt leicht über Ihrer Vorstellung.
7 ○ Sehen Sie mal hier, das ist unser neustes Modell.
8 ○ Wenn Sie noch etwas dazu kaufen, dann erhalten Sie Rabatt.
9 ○ Möchten Sie ihn einmal anprobieren?

2 Ergänzen Sie.

Angebot | Anlass | ~~Kostprobe~~ | Modell | Rabatt | Wahl

1 Gern gebe ich Ihnen eine *Kostprobe* von unserem neuen Produkt mit nach Hause.
2 Für welchen ………… suchen Sie? Eine Hochzeit?
3 Das hier ist das ………… von letztem Jahr.
4 Ich mache Ihnen ein wirklich gutes …………, so wenig zahlen Sie sonst nie.
5 Nehmen Sie noch die Socken dazu, dann kann ich Ihnen einen ………… geben.

3 Welches Wort passt? Verbinden Sie.

bequem | erntefrisch | exklusiv | reduziert | sensitiv | vollmundig

4 Ergänzen Sie die Adjektive aus 3.

1 Probieren Sie mal diesen Wein, er ist besonders vollmundig. Die Kostprobe ist gratis, nehmen Sie also gern ein Glas.
2 Schauen Sie hier, diese Winterjacke ist stark ______. Sie kostet jetzt nur noch die Hälfte.
3 Diese Schuhe sind so ______, damit kann man wirklich lange laufen.
4 Das Gemüse ist ______ und sehr gesund.
5 Diese goldene Uhr ist sehr ______. Es gibt nur ganz wenige davon. Deshalb ist sie auch so teuer.
6 Diese Creme ist besonders ______. Für trockene Haut ist sie bestens geeignet.

5 Verbinden Sie.

1 Kann ich Ihnen	A noch einen Wunsch?
2 Haben Sie sonst	B weiterhelfen?
3 Wollen Sie den Schuh	C möchten Sie ausgeben?
4 Wie viel Geld	D anprobieren?
5 Haben Sie eine bestimmte	E Angebot zeigen?
6 Darf ich Ihnen unser	F Vorstellung?

6 Was wird in Verkaufsgesprächen meistens gesagt? Notieren Sie.

Kann ich Ihnen weiterhelfen?
...

Lernwortschatz

der Anlass, ¨-e ______
anprobieren, hat anprobiert ______
ausgeben, hat ausgegeben ______
bequem ______
erntefrisch ______
exklusiv ______
die Kostprobe, -n ______
das Modell, -e ______
reduziert ______
sensitiv ______
vollmundig ______
die Vorstellung, -en ______
die Wahl (Sg.) ______
weiterhelfen, hat weitergeholfen ______
______
der Wunsch, ¨-e ______

10 Reklamationen

1 Lesen Sie den Text und ergänzen Sie die markierten Wörter.

Gewährleistung und Garantie

Kundinnen und Kunden haben einen Gewährleistungsanspruch. Das heißt, dass Ware beim Kauf keine Fehler haben darf. Wenn die Ware schlechter ist als normal, dann kann der Kunde das Produkt reklamieren und das Unternehmen muss dem Kunden eine Entschädigung anbieten. Entweder wird ein Ersatz für diese Ware angeboten oder es gibt einen Ausgleich. Beim Ersatz bekommt man ein neues Produkt. Beim Ausgleich kann man Geld zurückbekommen.

Es gibt offene Mängel, die sofort sichtbar sind (ein offener Mangel ist zum Beispiel, wenn die Farbe falsch ist), und versteckte Mängel, die man nicht gleich bemerkt. Und es gibt verschiedene Mangelarten: Funktionsunfähigkeit, Mängel der Qualität, falsches Produkt, abweichende Größe.

Gewährleistung darf man nicht mit Garantie verwechseln. Die Garantie ist der Zeitraum, in der ein Produkt eine bestimmte Qualität aufweisen muss. Wenn es diese Qualität nicht aufweist, übernimmt der Verkäufer die Kosten, um die Mängel zu beseitigen.

1 eine Entschädigung für einen Nachteil: der Ausgleich
2 ein neues Produkt bekommen: der ....
3 Kunde erhält Geld wegen schlechter Leistung zurück oder bekommt ein neues Produkt: die ....
4 die Ware hat Mängel, aber man merkt das erst, wenn man sie benutzt: ....
5 Zeitraum, in der Ware eine bestimmte Qualität haben muss: die ....
6 das Recht von Kunden, ihre Waren in gutem Zustand zu erhalten: der ....

2 Welcher Mangel passt? Ordnen Sie zu.

abweichende Größe | falsches Produkt | Funktionsunfähigkeit | ~~Mangel der Qualität~~

1 Mangel der Qualität: Herr Polat hat Pralinen gekauft. Zu Hause bemerkt er, dass die Schokolade alt und bitter schmeckt.
2 ....: Frau Jansen hat sich ein Sommerkleid in Größe 38 bestellt. Beim Anprobieren merkt sie, dass es zu groß ist. Der Hersteller hat ihr die Größe 42 geschickt.
3 ....: Frau Lopez hat sich Sandalen gekauft. Als sie zu Hause den Karton öffnet, sind Stiefel darin.
4 ....: Herr Sommer hat sich einen neuen Fernseher gekauft. Als er ihn zu Hause ausprobiert, lässt er sich nicht anschalten. Der Fernseher ist defekt.

3 **Wie heißt das Gegenteil? Verbinden Sie.**

1 passend	A kaputt, defekt
2 sehr gut	B versteckt
3 funktionsfähig	C abweichend
4 offen	D mangelhaft

4 **Was passt nicht? Streichen Sie.**

1 der Ersatz – der Ausgleich – ~~der Mangel~~
2 die Gewährleistung – der Ausgleich – die Garantie
3 ohne Mangel – versteckter Mangel – offener Mangel
4 funktionsunfähig – defekt – passend
5 defekt – funktionsfähig – mangelhaft

5 **Hören Sie und kreuzen Sie an.**

◆ Guten Tag, ich möchte gern meine Bohrmaschine [1] ○ reklamieren ⊗ umtauschen. Sie ist überhaupt nicht das, was ich wollte! Da gilt doch bestimmt noch die [2] ○ Garantie ○ Funktionsunfähigkeit.

○ Ist die Bohrmaschine denn [3] ○ funktionsunfähig ○ mangelhaft?

◆ Nein, also, sie funktioniert schon. Aber sie ist zu langsam. Mit einer solchen [4] ○ Qualität ○ Funktionsunfähigkeit machen Sie mich als Kunden wirklich nicht zufrieden.

○ Wenn Sie funktionsfähig ist, dann haben Sie leider keinen Anspruch auf [5] ○ Gewährleistung ○ Reklamation. Aber wir bieten unseren Kunden an, das Produkt innerhalb von zwei Wochen umzutauschen.

6 **Aus welchen Gründen darf man reklamieren? Notieren Sie.**

Lernwortschatz

abweichend ....
der Ausgleich (Sg.) ....
defekt ....
die Entschädigung, -en ....
der Ersatz (Sg.) ....
funktionsfähig ....
funktionsunfähig ....
die Funktionsunfähigkeit (Sg.) ....
die Garantie, -n ....
die Gewährleistung (Sg.) ....
der Gewährleistungsanspruch, ¨-e ....
der Mangel, ¨- ....
mangelhaft ....
der offene Mangel, ¨- ....
die Qualität, -en ....
die Reklamation, -en ....
reklamieren, hat reklamiert ....
der versteckte Mangel, ¨- ....

11 Mit Beschwerden umgehen

1 **Worüber beschweren sich die Kundinnen und Kunden? Beschriften Sie.**

die defekte Ware | ~~die Lieferverzögerung~~ | die verdorbene Ware | die Wartezeit

1 die Lieferverzögerung

2 ....

3 ....

4 ....

2 **Welche Möglichkeiten bietet die Verkäuferin an? Hören Sie und kreuzen Sie an.**

- ○ das Geld zurückerstatten
- ○ Preise transparent erklären
- ○ die Filialleitung hinzuziehen
- ○ eine Alternative anbieten
- ○ einen Kompromiss finden
- ○ Kulanz zeigen und die Ware zurücknehmen

3 **Bilden Sie Wörter und ergänzen Sie.**

1 Kunden sollen sich gut fühlen. Nehmen Sie sie ernst. Lassen Sie sich Probleme ausführlich .... (dernschil) und hören Sie gut zu.

2 Kunden fühlen sich oft .... (täuschtge), wenn Preise nicht gut verständlich sind. Erklären Sie Kosten daher immer möglichst .... (parenttrans).

3 Es ist etwas schlecht gelaufen und ein Kunde ist unzufrieden? Oft können Sie den Schaden .... (grenzenbe). Bieten Sie etwas an: zum Beispiel, dass der Kunde etwas billiger bekommt. Oft sind Kunden zufrieden, wenn eine Möglichkeit gefunden wird, auf die sie sich .... (nigenei) können.

4 **Verbinden Sie.**

1 die Filialleitung — B hinzuziehen
2 den Schaden
3 das Geld
4 Kulanz
5 die Ware
6 einen Kompromiss
7 das Problem

A schildern
B hinzuziehen
C zeigen
D begrenzen
E zurücknehmen
F zurückerstatten
G finden

5 **Finden Sie fünf Wörter und ergänzen Sie.**

JVERDORBENHAREWARTEZEITAHFJDEFEKTBAMLUDYGBMZLDWG
TULIEFERVERZÖGERUNGHDLMWZDRBPODGNTJALTERNATIVEFBN

1 Viele Kunden beschweren sich über schlechte Ware. Essen kann ________ sein, Elektrogeräte können ________ sein.
2 Kunden, die es eilig haben, wollen nicht lange warten. Daher sollte eine lange ________ an den Kassen vermieden werden.
3 Bei Lieferungen sollte auf die Zeit geachtet werden. Eine ________ kann schnell zu Beschwerden führen.
4 Wenn es das gewünschte Produkt nicht im Laden gibt, beschweren sich Kunden oft. Hier sollte man eine ________ anbieten.

6 **Was können Sie Kundinnen und Kunden anbieten, wenn sie Beschwerde einlegen? Notieren Sie.**

Lernwortschatz

die Alternative, -n ________
begrenzen, hat begrenzt ________
die Beschwerde, -n ________
sich beschweren, hat sich beschwert ________
____
sich einigen, hat sich geeinigt ________
____
die Filialleitung, -en ________
sich getäuscht fühlen, hat sich getäuscht gefühlt ________
____
hinzuziehen, hat hinzugezogen ________
der Kompromiss, -e ________
die Kulanz (Sg.) ________
die Lieferung, -en ________
die Lieferverzögerung, -en ________
schildern, hat geschildert ________
transparent ________
verdorben ________
die Wartezeit, -en ________
zurückerstatten, hat zurückerstattet ________
____
zurücknehmen, hat zurückgenommen ________

12 E-Commerce – Handel im Internet

1 Welche drei Wörter passen? Lesen Sie und ergänzen Sie.

der Kundendienst

das Onlinebanking

die Programmierung

die Rechtsberatung

das Gewerbeamt

der Warenkatalog

So eröffnen Sie einen Webshop

Sie wollen als Unternehmer einen Webshop einrichten? Das müssen Sie beachten:

- Ein Webshop ist ein Gewerbe. Sie können einen Webshop erst dann einrichten, wenn Sie beim [1] ………………………… angemeldet sind.
- Planen Sie Kosten für die [2] ………………………… der Homepage, das Design sowie Serverkosten und weitere Kosten ein.
- Beratung ist wichtig. Kümmern Sie sich rechtzeitig um eine [3] ………………………… für Impressum, Datenschutz und Allgemeine Geschäftsbedingungen (AGB). In den AGBs sind die Bedingungen für den Vertrag geregelt.

2 Finden Sie noch vier Wörter und ergänzen Sie.

GESCHÄFTSBEDINGUNGENBIMPRESSUMZRPRODUKTBESCHREIBUNG
XRLDYLGEWERBEAMTCORLDIMZLODLIMNOBKTDATENSCHUTZALGM

1 Schutz von persönlichen Daten: der Datenschutz
2 Amt zur Anmeldung eines Geschäftes oder Unternehmens: das …………………………
3 Bedingungen für den Abschluss eines Kaufvertrags: Allgemeine ………………………… (AGB)
4 ein Text, zum Beispiel auf Homepages, mit Informationen über den Anbieter (Adresse, Telefonnummer usw.): das …………………………
5 Erklärung und Beschreibung von Waren: die …………………………

3 Bilden Sie Komposita und notieren Sie mit Artikel.

1 online + der Handel = ……………………
2 der Kunde + n + der Service = ……………………
3 das Produkt + die Beschreibung = ……………………
4 der Kunde + n + der Dienst = ……………………
5 das Gewerbe + das Amt = ……………………
6 die Konkurrenz + die Analyse = ……………………
7 der Server + die Kosten = ……………………
8 die Daten + der Schutz = ……………………

4 Wie kann man das auch sagen? Verbinden Sie.

1 die Homepage	A das Onlinebanking
2 der Kundenservice	B die Webseite
3 der Internethandel	C der Kundendienst
4 die Onlinezahlung	D der E-Commerce

5 Welche Ideen haben Sie für einen neuen Webshop?
Was würden Sie gern im Internet verkaufen? Machen Sie Notizen.

Ideen für ...

Webshops:

Produkte:

Lernwortschatz

die Allgemeinen Geschäftsbedingungen (Pl.) (AGB) ……………………
der Datenschutz (Sg.) ……………………
das Design, -s ……………………
der E-Commerce (Sg.) ……………………
das Gewerbeamt, ¨-er ……………………
das Impressum, Impressen ……………………
der Internethandel (Sg.) ……………………
die Konkurrenzanalyse, -n ……………………
der Kundendienst, -e ……………………
der Kundenservice (Sg.) ……………………

das Onlinebanking (Sg.) ……………………
der Onlinehandel (Sg.) ……………………
die Onlinezahlung, -en ……………………
die Produktbeschreibung, -en ……………………
die Programmierung, -en ……………………
die Rechtsberatung, -en ……………………
die Serverkosten ……………………
der Warenkatalog, -e ……………………
die Webseite, -n ……………………
der Webshop, -s ……………………

⑬ Verschicken und Versenden

1 **Beschriften Sie die Bilder.**

die Briefmarke | der Maxibrief | die Packstation | das Paket | das Päckchen | das Sichtfenster | ~~das Sperrgut~~ | die Versandtasche

1 das Sperrgut

2 ....

3 ....

4 ....

5 ....

6 ....

7 ....

8 ....

2 **Hören Sie und ergänzen Sie.**

Frankieren | Lieferzeit | Porto | Sendungsverfolgung | Spedition | Versandoptionen | Zustellung

1 Eine Firma, die Transporte durchführt, heißt ....
2 Wenn die Ware geliefert wird, heißt das ....
3 .... heißt, dass man Briefmarken auf das Versandmaterial klebt.
4 Wenn man verschiedene .... hat, dann kann man Ware auf verschiedene Arten versenden.
5 Die Gebühr für den Versand heißt .... Man kann auch Versandkosten sagen.
6 Die Zeit, bis die bestellte Ware da ist, heißt ....
7 Durch die .... kann man sehen, wo sich ein Paket gerade befindet.

3 a Wie erfolgt die Lieferung? Verbinden Sie.

1 frei Bordsteinkante
2 frei Haus
3 frei Verwendungsstelle

A Lieferung bis zur Stelle, wo die Ware verwendet werden soll (zum Beispiel im Wohnzimmer)
B Lieferung bis zur richtigen Adresse, aber vor das Haus
C Lieferung bis zur Haustür oder Wohnungstür

b Ergänzen Sie.

frei Bordsteinkante   frei Haus
frei Verwendungsstelle

1 ....

2 ....

3 ....

4 Verbinden Sie.

1 die Brief
2 die Pack
3 der Maxi
4 das Sperr
5 das Sicht
6 die Versand
7 die Liefer
8 die Sendungs
9 die Zu

A brief
B gut
C zeit
D fenster
E verfolgung
F stellung
G marke
H station
I option

5 Wie versenden Sie verschiedene Waren? Überlegen Sie anhand der Ware, die Sie aus Ihrem Beruf kennen.

Lernwortschatz

die Briefmarke, -n ....
frankieren, hat frankiert ....
frei Bordsteinkante ....
frei Haus ....
frei Verwendungsstelle ....
der Maxibrief, -e ....
die Packstation, -en ....
das Paket, -e ....
das Päckchen, – ....
das Porto, -s / Porti ....
die Sendungsverfolgung, -en ....
das Sichtfenster, – ....
die Spedition, -en ....
das Sperrgut, ¨-er ....
die Versandkosten (Pl.) ....
die Versandoption, -en ....
die Versandtasche, -n ....
die Zustellung, -en ....

14 Kundenbestellungen annehmen

1 Welches Bild passt? Notieren Sie die Buchstaben.

1 A dem Kunden anbieten, das Produkt beim Großhandel zu bestellen
2 ...... nicht mehr vorrätig sein
3 ...... die Kundenbestellung annehmen
4 ...... den Abholschein übergeben
5 ...... eine Vorauszahlung leisten

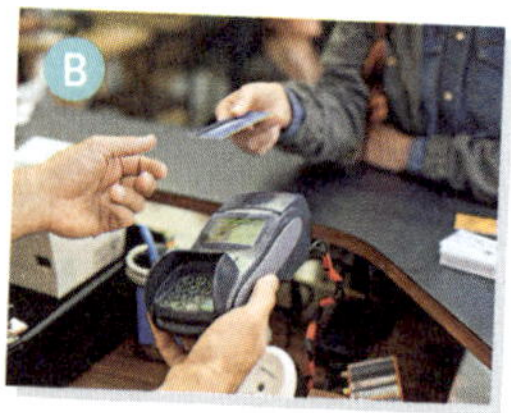

2 Ergänzen Sie.

Artikelnummer ~~Bestellkonditionen~~ Kaufverpflichtung kostenpflichtig Luftpolsterfolie Spezialverpackung Transportkosten

1 Man muss dem Kunden die Bestellkonditionen mitteilen. Das heißt, man muss zum Beispiel sagen, wie lange es bis zur Lieferung dauert.
2 Bei manchen Bestellungen kann man das Produkt nicht mehr zurückschicken. Der Kunde ist zum Kauf verpflichtet. Es besteht eine ....
3 Damit man Produkte schneller findet, kann man mit der .... suchen. Jeder Artikel hat eine andere Nummer, die aus 8 oder 13 Zahlen besteht.
4 Vorsicht, Glas! Damit zum Beispiel Gläser sicher ankommen, kann man sie in Folie packen. Am besten ist dafür .... geeignet.
5 Große Produkte müssen speziell verpackt werden. Das nennt man ....
6 Die Kosten für den Transport, zum Beispiel mit einem Lkw, nennt man ....
7 Manchmal muss der Kunde die Kosten für eine Lieferung selbst bezahlen. Die Lieferung ist dann .... für den Kunden.

3 Welche Sätze hören Sie? Kreuzen Sie an.

- ○ Ich schaue nach, ob wir den Artikel vorrätig haben.
- ○ Ich kann Ihnen gern ein Exemplar beim Grossisten bestellen.
- ○ Der Transport ist kostenpflichtig.
- ○ Ich kann Ihnen aber gern welche im Großhandel ordern.
- ○ Ich kann Ihnen eine Auswahl zur Ansicht bestellen.
- ○ Es besteht keine Kaufverpflichtung.
- ○ Die Spezialverpackung ist ein Service von uns.
- ○ In der zweiten Etage wird Ihre Bestellung entgegengenommen.
- ○ Haben Sie Ihren Abholschein dabei?
- ○ Wir stornieren Ihre Bestellung.

4 Wie kann man das auch sagen? Verbinden Sie.

1 Ich bestelle für Sie beim Großhandel.
2 Muss ich die Waren kaufen?
3 Ich nehme Ihre Bestellung gern an.
4 Kann ich die Bestellung rückgängig machen?

A Kann die Bestellung storniert werden?
B Die Bestellung wird entgegengenommen.
C Ich ordere ein Exemplar beim Grossisten.
D Besteht eine Kaufverpflichtung?

5 Was passt nicht? Streichen Sie.

1 die Bestellung: annehmen – entgegennehmen – stornieren – beschweren
2 der Transport: die Transportkosten – die Luftpolsterfolie – die Artikelnummer – die Spezialverpackung
3 Kundenbestellungen: die Vorauszahlung – die Ansicht – der Großhandel – das Gewerbeamt

6 Welche Bestellkonditionen bietet Ihr Unternehmen an? Machen Sie Notizen.

Lernwortschatz

der Abholschein, -e ....
annehmen, hat angenommen ....
die Ansicht, -en ....
die Artikelnummer, -n ....
die Bestellkondition, -en ....
entgegennehmen, hat entgegengenommen ....
das Exemplar, -e ....
der Großhandel (Sg.) ....
die Kaufverpflichtung, -en ....
kostenpflichtig ....
die Kundenbestellung, -en ....
die Luftpolsterfolie, -n ....
die Spezialverpackung, -en ....
stornieren, hat storniert ....
die Transportkosten (Pl.) ....
die Vorauszahlung, -en ....
vorrätig ....

15 Bestellungen und Warenwirtschaft

1 Lesen Sie und ergänzen Sie die markierten Wörter.

Die Logistik

Logistik umfasst das Beschaffen, das Lagern und das Transportieren von Materialien und Produkten. In großen Unternehmen gibt es eine Logistikabteilung, die sich um das Planen, Bestellen und Verschicken von Waren kümmert. Damit die Organisation leichter funktioniert, werden Computerprogramme eingesetzt. Das nennt man Warenwirtschaftssystem (WWS). Das Warenwirtschaftssystem bestimmt den Bestellzyklus. Der Bestellzyklus ist der Rhythmus, in dem ein Unternehmen neue Ware bestellt. Wenn fast alle Waren aufgebraucht sind, ist nur noch der Sicherheitsbestand vorrätig. Meistens meldet das Lager den Zeitpunkt, wo neue Ware bestellt werden sollte. Das ist der Bestellpunkt. Die Höhe der Stückzahl legt die optimale Bestellmenge fest. Die optimale Bestellmenge ist für das Unternehmen die perfekte Stückzahl, bei der die Kosten am niedrigsten sind. Alles, was ein Unternehmen an Waren im Lager hat, nennt man Lagerbestand.

1 eine bestimmte Menge an Waren: die Stückzahl
2 die Abteilung, die Waren organisiert und plant: die ....
3 das Computerprogramm, das verwendet wird: das .... (WWS)
4 die perfekte Menge, die ein Unternehmen bestellen sollte: die ....
5 ein anderes Wort für besorgen, organisieren: ....
6 der Rhythmus, in dem ein Unternehmen Waren bestellt: der ....
7 der Zeitpunkt, wo neue Ware bestellt werden muss: der ....
8 alles, was bei einem Unternehmen im Lager steht: der ....
9 der Bestand an Ware, der mindestens da sein muss: der ....

2 Ergänzen Sie.

Bestellpunkt
Bestellzyklus
optimale Bestellmenge
~~Sicherheitsbestand~~

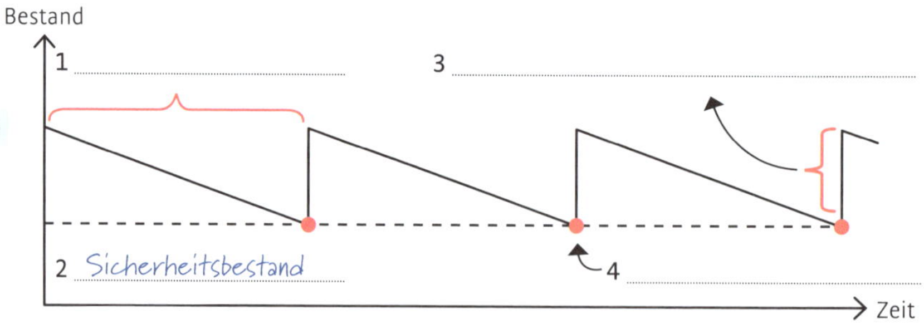

3 Hören Sie und ergänzen Sie dann.

beschaffen   Disponentin   Einkäuferin   koordiniere

Ich arbeite in der Logistikabteilung als [1] ....
Eine Disponentin kauft Waren ein, ich bin also [2] ....
Das ist ein sehr stressiger Job! Ich [3] .... den Eingang und Ausgang von Waren. Allerdings sitze ich nicht im Lager, sondern vor einem Computer. Dort sehe ich, wie viel Ware noch vorrätig ist und wann ich wieder neue Ware [4] .... muss. Wie gut, dass wir ein Warenwirtschaftssystem haben!

4 Wie kann man das auch sagen? Verbinden Sie.

1 Waren koordinieren
2 der Bestellzyklus
3 Waren disponieren
4 der Disponent

A der Bestellrhythmus
B Waren planen und einkaufen
C der Einkäufer
D Waren organisieren

5 Schreiben Sie die Wörter richtig.

Hey Maria, nun will ich dir endlich von meinem neuen Job als [1] .... (tinpoDisnen) erzählen! Ich arbeite jetzt in einer großen [2] .... (tikLogislungabtei). Ich bin verantwortlich dafür, dass die Waren pünktlich ankommen. Ich muss also alle Bestellungen [3] .... (nierenkoordi)! Das mache ich am Computer mit unserem [4] .... (wirtWarensystemschafts).

6 Welche Aufgaben übernimmt die Logistikabteilung? Notieren Sie.

Lernwortschatz

beschaffen, hat beschafft ....
die Bestellmenge, -n ....
der Bestellpunkt, -e ....
der Bestellzyklus, -zyklen ....
der Disponent, -en / die Disponentin, -nen ....
....
disponieren, hat disponiert ....
der Einkäufer, – / die Einkäuferin, -nen ....
....
koordinieren, hat koordiniert ....
der Lagerbestand, ¨-e ....
die Logistik (Sg.) ....
die Logistikabteilung, -en ....
die optimale Bestellmenge ....
der Sicherheitsbestand, ¨-e ....
die Stückzahl, -en ....
die Warenwirtschaft (Sg.) ....
das Warenwirtschaftssystem, -e ....

16 Konkurrenz auf dem Markt

1 Ordnen Sie zu.

das Copyrightzeichen

der Wettbewerb

die Wachstumsrate

der Businessplan

die eingetragene Handelsmarke

1 Ein .... hilft dabei, Stärken und Schwächen im Unternehmen zu sehen.
2 In vielen Ländern wird eine Liste mit allen Marken geführt. Das Symbol ® steht für eine eingetragene ....
3 Unter .... versteht man, dass viele Unternehmen gleichzeitig versuchen, Gewinn am Markt zu machen.
4 Die .... zeigt, wie die Wirtschaft in einem bestimmten Zeitraum wächst. Sie wird in Prozent dargestellt.
5 Das Urheberrecht wird oft mit dem .... © angezeigt.

2 Hören Sie. Ergänzen Sie dann und hören Sie noch einmal zur Kontrolle.

Abwanderung | Geschäftsfeld | Konkurrenten | Mitbewerber | Unternehmensberatung | Unternehmensstrategie | wettbewerbsfähig

Seit vielen Jahren bin ich in der [1] .... tätig und berate Unternehmen. Wichtig für Unternehmen ist, dass sie [2] .... bleiben. Man muss sein [3] .... genau kennen, nur so kann man die Wachstumsrate des Unternehmens optimal steigern. Wichtige Fragen sind: Was sind die Fähigkeiten und Ziele des Unternehmens? Was ist die [4] ....? Ein Businessplan hilft, die Ziele zu erreichen. Außerdem sollte man die Konkurrenz und die [5] .... immer im Blick behalten. Es ist wichtig zu wissen, wer die [6] .... sind. Gut ist, viel über sie zu erfahren. Und man muss den Markt beobachten, um eine [7] .... der Kundschaft zu verhindern.

3 Bilden Sie Komposita und notieren Sie mit Artikel.

1 die Branche + n + der Dienst = der Branchendienst
2 der Handel + s + die Marke = ……………
3 das Geschäft + s + das Feld = ……………
4 das Unternehmen + s + die Beratung = ……………
5 das Unternehmen + s + die Strategie = ……………
6 das Wachstum + s + die Rate = ……………

4 Schreiben Sie die Wörter richtig.

Das Patentamt

Das [1] ……………… (amtPatent) schützt Erfindungen. Wenn ein Produkt neu ist, kann man es dort in eine Liste eintragen lassen. Kein Konkurrent darf das Produkt nun einfach kopieren. Dafür sorgt das [2] ……………… (rechtUrheber). Wenn niemand anderes das Produkt verkaufen darf, ist das ein [3] ……………… (merkmalAlleinstellungs).

das Europäische Patentamt

5 Finden Sie sieben Wörter und notieren Sie mit Artikel.

B	U	S	I	N	E	S	S	P	L	A	N	J	W	E	T	T	B	E	W	E	R	B
K	L	A	X	C	B	O	P	A	Q	W	E	Z	U	R	T	Y	V	M	A	S	I	G
F	A	L	L	E	I	N	S	T	E	L	L	U	N	G	S	M	E	R	K	M	A	L
U	R	H	E	B	E	R	R	E	C	H	T	D	P	J	F	A	W	S	X	Z	B	N
I	O	L	P	R	E	D	S	N	V	B	N	K	L	D	S	R	H	J	L	E	R	U
F	L	D	M	S	B	U	L	T	G	O	B	P	F	W	Z	P	K	Q	O	B	B	M
H	Z	T	U	Q	S	A	W	A	B	W	A	N	D	E	R	U	N	G	V	C	N	V
P	E	I	T	G	B	V	I	M	X	J	H	Q	D	F	F	I	E	X	C	Z	Y	A
B	A	C	W	A	C	H	S	T	U	M	S	R	A	T	E	B	N	E	J	H	M	L

6 Viele bekannte Unternehmen haben Konkurrenten. Nennen Sie Beispiele.

Lernwortschatz

die Abwanderung, -en ……………
das Alleinstellungsmerkmal, -e ……………
der Branchendienst, -e ……………
der Businessplan, ¨-e ……………
das Copyrightzeichen, – ……………
die eingetragene Handelsmarke, -n ……………
das Geschäftsfeld, -er ……………
der Konkurrent, -en / die Konkurrentin, -nen ……………
die Konkurrenz (Sg.) ……………
der Mitbewerber, – / die Mitbewerberin, -nen ……………
das Patentamt, ¨-er ……………
die Unternehmensberatung, -en ……………
die Unternehmensstrategie, -n ……………
das Urheberrecht, -e ……………
die Wachstumsrate, -n ……………
der Wettbewerb, -e ……………
wettbewerbsfähig ……………

17 Marketing

1 Beschriften Sie die Bilder.

die Kundenzeitschrift | ~~die Litfaßsäule~~ | das Plakat | das Prospekt | das Schaufenster | die Sozialen Netzwerke | die Werbeanzeige | der Werbespot

1 die Litfaßsäule

2 ....

3 ....

4 ....

5 ....

6 ....

7 ....

8 ....

2 Lesen Sie den Text und ergänzen Sie die markierten Wörter.

Werbemittel und Marketingstrategien

In der Abteilung für Marketing überlegen die Angestellten, wie sie aus einem Produkt einen Bestseller machen können. Die Experten für Sales Promotion beobachten neue Trends und entwickeln eine Werbekampagne. Früher hat man für ein neues Produkt eine Annonce in der Zeitung aufgegeben oder den Slogan auf ein Plakat für die Litfaßsäule gedruckt. Heute werden häufiger Soziale Netzwerke (Social Media) benutzt, um das Image eines Unternehmens zu präsentieren. Die beste Marketingstrategie ist Mundpropaganda!

> Werbemittel = Form oder Träger, mit der/dem Werbung gemacht wird

1 alle Aktivitäten mit dem Ziel, den Gewinn größer zu machen: Marketing
2 große Werbeaktion: ……
3 Werbeanzeige in einer Zeitschrift: ……
4 Plan, wie Marketing im Unternehmen gemacht wird: ……
5 Werbespruch: ……
6 Ruf eines Unternehmens: ……

3 a Eine Werbekampagne planen. Verbinden Sie die Wörter mit der passenden Erklärung.

1 Zuerst wird die Zielgruppe ermittelt.
2 Dann wird festgelegt, wie viel Geld das Unternehmen für die Werbung ausgeben kann.
3 Danach wird ein passender Ort für die Werbung gefunden (zum Beispiel Fernsehen, Zeitung, Plakat).
4 Dann wird ein Spruch für die Werbung gesucht.
5 Schließlich wird die Werbekampagne gestartet: Die Werbung wird zum Beispiel in Zeitschriften gedruckt oder ist als Werbespot zu sehen.
6 Ganz zum Schluss wird das Ergebnis bewertet: Hat das Unternehmen Gewinn gemacht?

A Werbeslogan ausdenken
B Werbemittel festlegen
C Marktforschung betreiben
D Werbung ausrollen
E das Ergebnis bewerten
F Budget festlegen

b Notieren Sie A–F aus a in der richtigen Reihenfolge.

1 Marktforschung betreiben
2 ……
3 ……
4 ……
5 ……
6 ……

4 Wie können Sie Werbung für Ihren Betrieb gestalten? Überlegen Sie Beispiele und notieren Sie.

Lernwortschatz

die Annonce, -n ……
ausrollen, hat ausgerollt ……
betreiben, hat betrieben ……
das Budget, -s ……
das Image (Sg.) ……
die Kundenzeitschrift, -en ……
die Litfaßsäule, -n ……
das Marketing (Sg.) ……
die Marketingstrategie, -n ……
die Marktforschung (Sg.) ……
die Mundpropaganda (Sg.) ……
das Plakat, -e ……
der / das Prospekt, -e ……
die Sales Promotion (Sg.) ……
das Schaufenster, – ……
der Slogan, -s ……
Social Media (Pl.) ……
das Soziale Netzwerk, Soziale Netzwerke ……
die Werbeanzeige, -n ……
die Werbekampagne, -n ……
das Werbemittel, – ……
der Werbespot, -s ……
die Werbung (Sg.) ……

18 Im Einkaufszentrum

1 Ergänzen Sie.

der Lageplan

der Infopoint

die Rolltreppe

das Kinderparadies

der Wickelraum

die Gastronomie

der Einkaufswagen

das Schließfach

das Parkhaus

der Einkaufskorb

1 Ein Wickelraum ist ein Ort, an dem man Babys wickeln kann.
2 Einen ………………………… benutzt man, wenn man viele Lebensmittel einkaufen will.
3 Wenn man nur wenige Lebensmittel einkauft, kann man sie in einen ………………………… packen.
4 Viele Cafés und Restaurants findet man im Bereich der ………………………….
5 Wenn man eine Frage hat oder Informationen braucht, kann man sich an die Mitarbeiter am ………………………… wenden.
6 Mit der ………………………… kommt man bequem von Stockwerk zu Stockwerk. Man kann aber auch den Aufzug nehmen, er ist barrierefrei und für Kinderwagen und Rollstuhlfahrer geeignet.
7 In einem ………………………… können Wertsachen wie Handys, Geldbeutel oder großes Gepäck verstaut werden.
8 Weil viele Menschen mit dem Auto kommen und nicht so weit weg parken wollen, haben viele Einkaufszentren ein ………………………….
9 Ein ………………………… hilft, sich im Einkaufszentrum besser zu orientieren.
10 Wenn es den Kindern beim Einkaufen zu langweilig ist, können sie im ………………………… spielen.

2 Was ist richtig? Hören Sie und kreuzen Sie an.

1 Die Personen benutzen einen ○ Einkaufswagen ○ Einkaufskorb im Einkaufszentrum.
2 Die Personen suchen ○ einen Wickelraum. ○ die Gastronomie.
3 Zur Orientierung nutzen die Personen ○ den Infopoint. ○ den Lageplan.
4 Sie müssen in die zweite Etage. Dafür nutzen sie ○ den Aufzug. ○ die Rolltreppe.

3 Am Infopoint. Ergänzen Sie in der richtigen Form.

Einkaufswagen | Gastronomie | Rolltreppe

◆ Entschuldigen Sie, gibt es hier einen Aufzug? Wir haben bisher nur die [1] .... gefunden.
○ Ja klar, unser Shoppingcenter ist barrierefrei. Gehen Sie in Richtung Parkhaus, dann kommt der Aufzug.
◆ Wunderbar, danke. Und noch eine Frage: Wo finde ich denn einen [2] ....? Leider ist der Einkaufskorb zu klein für unsere Einkäufe.
○ Im Erdgeschoss, gleich am Eingang, neben den Restaurants bei der [3] ....
◆ Super, vielen Dank für die Auskunft.
○ Gern geschehen.

4 Bilden Sie Komposita und notieren Sie mit Artikel.

1 wickel~~n~~ + der Raum = ...
2 schließ~~en~~ + das Fach = ...
3 einkauf~~en~~ + s + der Korb = ...
4 die Lage + der Plan = ...
5 die Kinder + das Paradies = ...
6 park~~en~~ + das Haus = ...

5 Welche verschiedenen Bereiche gibt es in Ihrem Geschäft? Zeichnen Sie einen Lageplan und beschriften Sie ihn.

Lernwortschatz

der Aufzug, ¨-e ....
barrierefrei ....
der Einkaufskorb, ¨-e ....
der Einkaufswagen, – ....
das Einkaufszentrum, -zentren ....
die Gastronomie (Sg.) ....
der Infopoint, -s ....
das Kinderparadies, -e ....
der Lageplan, ¨-e ....
das Parkhaus, ¨-er ....
die Rolltreppe, -n ....
das Schließfach, ¨-er ....
das Shoppingcenter, – ....
der Wickelraum, ¨-e ....

19 Im Supermarkt

1 In welcher Abteilung werden die Produkte verkauft? Ordnen Sie zu.

1 H Molkereiprodukte
2 ____ Frischeabteilung
3 ____ Getränke
4 ____ Tiefkühlwaren
5 ____ Haushaltswaren
6 ____ Drogerie
7 ____ Konserven
8 ____ Fleischtheke

2 Hören Sie und ergänzen Sie die Wörter aus 1.

1 Das Apfelmus steht bei den ______________________.
2 Die Kunden müssen zur ______________________.
3 Die ______________________ müssen gespiegelt werden.
4 Der Kunde soll bei den ______________________ suchen.
5 Der Kunde findet die Bananen in der ______________________.
6 Die Regale in der ______________________ müssen aufgefüllt werden.
7 Bei den ______________________ muss man die Ware neu auspreisen.
8 Die ______________________ müssen umgewälzt werden.

3 Ergänzen Sie.

Bückzone | Greifzone | Preisauszeichnung | Reckzone | Sichtzone

1 Teure Produkte stehen so, dass Kunden sie einfach greifen können. Im Regal nennt man diesen Bereich ______________________.
2 Die billigsten Produkte sind ganz oben. Man muss sich recken, um sie zu nehmen. Dieser Bereich im Regal heißt ______________________.
3 Besonders große Produkte stehen ganz unten. Die Kunden müssen sich bücken, wenn sie dort ein Produkt nehmen wollen. Daher nennt man diesen Bereich ______________________.
4 Die Produkte, die am häufigsten gekauft werden, soll man schnell sehen. Daher stehen sie in der sogenannten ______________________ im Regal.
5 Die ______________________ zeigt an, was ein Produkt kostet.

4 Beschriften Sie mit den Wörtern aus 3.

1 ....

2 ....

3 ....

4 ....

5 ....

5 Wie kann man das auch sagen? Verbinden Sie.

1 auffüllen	A ältere Ware nach vorn stellen
2 umwälzen	B voll machen
3 auspreisen	C alle Waren im Regal auf eine Linie stellen
4 spiegeln	D den Preis angeben

6 Worauf achten Sie beim Einräumen von Waren? Notieren Sie.

Lernwortschatz

auffüllen, hat aufgefüllt ....
die Bückzone (hier nur Sg.) ....
die Drogerie, -n ....
die Fleischtheke, -n ....
die Frischeabteilung, -en ....
das Getränk, -e ....
die Greifzone (hier nur Sg.) ....
die Haushaltsware, -n ....
die Konserve, -n ....
das Molkereiprodukt, -e ....
die Preisauszeichnung, -en ....
die Reckzone (hier nur Sg.) ....
die Sichtzone (hier nur Sg.) ....
spiegeln, hat gespiegelt ....
die Tiefkühlware, -n ....
umwälzen, hat umgewälzt ....

20 An der Kasse

1 Was passiert an der Kasse? Notieren Sie in der richtigen Reihenfolge.

Betrag nennen | Geld kassieren | Kassenbon überreichen | ~~Kunden begrüßen~~ | Kunden verabschieden | nach einer Kundenkarte fragen | Waren scannen | Wechselgeld geben

1 Kunden begrüßen
2 ....
3 ....
4 ....
5 ....
6 ....
7 ....
8 ....

2 Ergänzen Sie.

bargeldlose | Kartenlesegerät | ~~Kundenkarte~~ | PIN-Code | Transaktion | Wechselgeld

1 In manchen Läden bekommt man Waren mit einer Kundenkarte günstiger.
2 Das .... ermöglicht das .... Zahlen mit einer Kredit- oder EC-Karte.
3 Wenn eine Person einer anderen Person Geld gibt, nennt man dies ....
4 Wenn der Kunde 7 € bezahlen muss und 10 € gibt, dann erhält er 3 € ....
5 Um mit einer EC-Karte zu zahlen, müssen Kunden den geheimen .... eingeben oder den Beleg unterschreiben.

3 Wie kann man bezahlen? Beschriften Sie die Bilder.

Bargeld | EC-Karte | Geldschein | Kreditkarte | Kryptowährung | ~~Münzen~~

1 Münzen

2 ....

3 ....

4 ....

5 ....

6 ....

4 Welches Zahlungsmittel ist hier wichtig? Ordnen Sie zu.

1 Bäckerei	A Kryptowährung
2 Internet	B Kreditkarte
3 Kaugummiautomat	C Bargeld
4 Hotel im Ausland	D Kleingeld

5 Beim Kassieren. Hören Sie und ergänzen Sie.

◆ Das macht 58,95 €. Haben Sie eine [1] Kundenkarte ?

○ Nein, ich kaufe hier nur selten ein. Oh, und ich habe nicht genug [2] ________ dabei. Kann man bei Ihnen auch mit [3] ________ bezahlen?

◆ Ja, natürlich. Hier ist das [4] ________.
Entschuldigen Sie, leider wurde Ihre Karte abgelehnt.

○ Das ist mir aber peinlich! Ich habe den [5] ________ falsch eingegeben. Ich versuche es noch einmal.

◆ Wunderbar, die [6] ________ war jetzt erfolgreich.

6 Wie heißt das? Verbinden Sie.

1 Sichert die Ware vor Diebstählen	A die Ersatzrolle
2 Rolle Wechselgeld als Reserve	B das Zahlungsmittel
3 Liegt zwischen den Waren verschiedener Kunden	C der Warentrenner
4 Code zum Scannen von Waren	D Kleingeld
5 Bargeld, Kreditkarten und Kryptowährungen	E das RFID-Etikett
6 Geld in Münzen	F der Strichcode

der Warentrenner

7 Wonach fragt man Kundinnen und Kunden bei einem typischen Kassiervorgang? Notieren Sie.

Lernwortschatz

das Bargeld (Sg.) ________
bargeldlos ________
der Betrag, ¨-e ________
die EC-Karte, -n ________
die Ersatzrolle, -n ________
der Geldschein, -e ________
das Kartenlesegerät, -e ________
der Kassenbon, -s ________
kassieren, hat kassiert ________
das Kleingeld (Sg.) ________
die Kreditkarte, -n ________
die Kryptowährung, -en ________
die Kundenkarte, -n ________
die Münze, -n ________
der PIN-Code, -s ________
das RFID-Etikett, RFID-Etiketten ________
scannen, hat gescannt ________
der Strichcode, -s ________
die Transaktion, -en ________
der Warentrenner, – ________
das Wechselgeld (Sg.) ________
das Zahlungsmittel, – ________

21 Im Bioladen und im Reformhaus

1 Lesen Sie und ergänzen Sie die markierten Wörter.

Besondere Ernährungsweisen

Manche Menschen folgen einer bestimmten Diät, das heißt, sie haben eine spezielle Ernährungsweise. Das kann unterschiedliche Gründe haben. Manche Menschen essen kein Fleisch. Das nennt man vegetarisch. Werden gar keine tierischen Produkte gegessen, heißt das vegan. Ein anderer Grund für eine bestimmte Diät sind Nahrungsmittelunverträglichkeiten oder Allergien. Manchen Menschen ist auch wichtig, dass die Produkte umweltfreundlich sind. Produkte aus biologischem Anbau sind hierfür ein Beispiel. Reformhäuser oder Bioläden verkaufen viele dieser Produkte. Aber auch in einem normalen Supermarkt oder in der Drogerie gibt es Produkte für spezielle Anforderungen.

1 Menschen bekommen zum Beispiel Bauchschmerzen bei bestimmten Lebensmitteln: Nahrungsmittelunverträglichkeit
2 Ernährungsweise ohne Fleisch: ....
3 Ernährungsweise ohne tierische Produkte: ....
4 Körper reagiert auf bestimmte Dinge, zum Beispiel Katzenhaare: ....
5 spezielle Ernährungsweise: ....
6 gut für die Umwelt: ....
7 Laden, der nur biologisch angebaute Produkte verkauft: ....

2 Was bedeuten die Siegel? Beschriften Sie die Bilder.

~~biologisch angebauter Wein~~ Bio-Siegel EU-Bio-Logo Fairtrade glutenfrei nachhaltige Fischerei vegan

Das Siegel „Fairtrade" steht für fairen Handel.

1 biologisch angebauter Wein
2 ....
3 ....
4 ....
5 ....
6 ....
7 ....

3 Hören Sie und ergänzen Sie.

- ◆ Entschuldigen Sie, können Sie mir weiterhelfen? Ich suche ein [1] Nahrungsergänzungsmittel.
- ○ Die stehen im Regal rechts hinten. Was genau suchen Sie denn?
- ◆ Ich lebe [2] .... und mein Arzt hat mir gesagt, dass ich [3] .... habe.
- ○ Alles klar, das hier wäre gut geeignet für Sie.
- ◆ Hm, auf dem Etikett steht, dass [4] .... enthalten ist! Und außerdem wäre es mir wichtig, dass es [5] .... ist.
- ○ Entschuldigen Sie, Sie haben Recht. Wir hätten hier noch ein anderes Produkt. Das hat zwar kein [6] ...., aber dafür ist es [7] ....
- ◆ Hm, na gut. Dann kaufe ich das. Danke für die Beratung.

4 Ergänzen Sie.

Eisenmangel Gluten kalorienreduziert Laktose Nahrungsergänzungsmittel

1 In den meisten Getreideprodukten ist .... enthalten.
2 Viele Milchprodukte enthalten ....
3 Wenn Menschen abnehmen wollen, dann essen sie .... Das heißt, sie essen Lebensmittel, die wenig Kalorien haben.
4 .... können helfen, wenn man zum Beispiel einen Mangel an bestimmten Vitaminen oder .... hat.

5 Welche speziellen Ernährungsweisen kennen Sie? Notieren Sie.

Ernährungsweisen:
vegetarisch = ohne Fleisch
...

Lernwortschatz

die Allergie, -n	glutenfrei ....
anbauen, hat angebaut	kalorienreduziert ....
der Bioladen, ¨	die Laktose (Sg.) ....
biologisch (bio)	die nachhaltige Fischerei ....
das Bio-Siegel, –	....
der Diabetes (Sg.)	die Nahrungsmittelunverträglichkeit, -en ....
die Diät, -en	....
der Eisenmangel (Sg.)	das Reformhaus, ¨er ....
die Ernährungsweise, -n	umweltfreundlich ....
Fairtrade	vegan ....
das Gluten (Sg.)	vegetarisch ....

22 Schon so spät? Im Kiosk und beim Spätkauf

1 Ergänzen Sie.

der Tabak

der Schnaps

der Filter

das Zigarettenpapier

der Lottoschein

das Los

die Lakritze

1 Tabakwaren: der Tabak, ...

....

2 Glücksspiel: ....

3 Süßwaren: ....

4 Spirituosen: ....

2 a Ergänzen Sie.

Jugendschutz | Ladenschlussgesetz | Reisebedarf | Sonderöffnungszeiten

1 Waren, die Menschen auf Reisen dringend brauchen, nennt man
....

2 Läden müssen um eine bestimmte Zeit schließen. Grund dafür ist das
.... Für bestimmte Geschäfte wie Tankstellen gibt es aber
Ausnahmen. Durch .... dürfen sie auch geöffnet haben,
wenn andere Läden geschlossen sind.

3 Kinder und Jugendliche dürfen nicht alles kaufen, was Erwachsene kaufen dürfen.
Das regelt der ....

b Richtig oder falsch? Hören Sie und kreuzen Sie an.

	richtig	falsch
1 Spirituosen und Tabakwaren darf man wegen des Jugendschutzes in Deutschland erst ab 18 Jahren kaufen.	☒	○
2 Glücksspiele wie Lose oder Lottoscheine darf man erst ab 18 Jahren kaufen.	○	○
3 Im Ladenschlussgesetz steht, dass jeder Laden öffnen kann, wann er will.	○	○
4 Reisebedarf darf nur zu normalen Öffnungszeiten verkauft werden.	○	○

3 Wie heißen diese Läden mit Sonderöffnungszeiten? Beschriften Sie die Bilder.

der Bahnhofsshop   der Kiosk   der Spätkauf   die Tankstelle

1 ....

2 ....

13.07.2018, Berlin – Traditionsbäckerei Ditsch im Berliner Hauptbahnhof.

3 ....

4 ....

4 Verbinden Sie.

1 das Zigaretten
2 die Tank
3 der Spät
4 die Sonder
5 der Bahnhofs
6 die Süß

A kauf
B papier
C öffnungszeiten
D shop
E waren
F stelle

5 Welche Waren werden oft im Spätkauf angeboten? Machen Sie eine Liste.

Lernwortschatz

der Bahnhofsshop, -s
der Filter, –
das Glücksspiel, -e
der Jugendschutz (Sg.)
der Kiosk, -e
das Ladenschlussgesetz (Sg.)
die Lakritze, -n
das Los, -e
der Lottoschein, -e
der Reisebedarf (Sg.)
der Schnaps, ¨-e
die Sonderöffnungszeit, -en
der Spätkauf (Sg.)
die Spirituose, -n
die Süßware, -n
der Tabak (Sg.)
die Tabakware, -n
die Tankstelle, -n
das Zigarettenpapier, -e

23 In der Bäckerei und in der Konditorei

1 Beschriften Sie.

die Backstube | das Baguette | der Brotlaib | die Kühltheke | die Taschenablage | ~~der Verkaufsraum~~

1 der Verkaufsraum

2 ....

3 ....

4 ....

5 ....

6 ....

2 Hören Sie und ergänzen Sie die Verben in der richtigen Form.

beraten | bestreuen | dekorieren | füllen | kneten | rühren

1 Der Bäcker .... den Teig meistens nicht von Hand, sondern mit einer Maschine.
2 Die Torte wird mit Sahne .... und mit Zuckerguss ....
3 Der Teig für das Sauerteigbrot muss lange .... werden.
4 Vor dem Backen werden die Brötchen mit Mohn oder Sesam ....
5 Die Bäckereifachverkäuferin .... den Kunden im Verkaufsraum.

3 Lesen Sie und ergänzen Sie die markierten Wörter.

Brot besteht meistens aus Mehl, Wasser und Gewürzen. Es hat außen eine feste **Kruste**. Es gibt helles Brot wie zum Beispiel Baguette und dunkles Brot wie zum Beispiel **Vollkornbrot**.
Kleingebäck ist süß oder salzig und darf nicht mehr als 250 Gramm wiegen. Jede Region hat typisches Kleingebäck. Beispiele sind Brötchen, Laugengebäck oder Milchbrötchen.
Feingebäck hat im Gegensatz zu Kleingebäck mehr Fett und Zucker. Beispiele sind Kuchen oder Plundergebäck wie eine Quarktasche.
Dauergebäck sind feine Backwaren wie Kekse, **Plätzchen** oder Zwieback, die lange haltbar sind. Sie sind oft in kleinen Plastiktüten verpackt.

1 In der Weihnachtszeit verkaufen Konditoreien besonders viele Plätzchen.
2 Dunkles Brot wie zum Beispiel .... gibt es in jeder Bäckerei.
3 Das Innere vom Brot nennt man Krume, die äußere harte Hülle heißt ....
4 Eine Quarktasche ist ein typisches Beispiel für ....
5 Brötchen und Laugengebäck sind Beispiele für ....
6 Zwieback ist ein bekanntes Beispiel für ....

4 Ergänzen Sie.

1 das Plunder g e b ä c k
2 die Kühl _ _ _ _ _
3 die Back _ _ _ _ _
4 das Laugen _ _ _ _ _ _
5 die Taschen _ _ _ _ _ _
6 der Verkaufs _ _ _ _
7 das Vollkorn _ _ _ _
8 der Brot _ _ _ _

5 Hören Sie und ergänzen Sie.

~~Bäckereifachverkäuferin~~ Dauergebäck dekorieren füllen Konditorin Plätzchen Zwieback

◆ Du beginnst eine Ausbildung zur [1] Bäckereifach-verkäuferin, richtig?
○ Ja, genau. Ich bin Tina. Und wer bist du?
◆ Ich bin Rabea, ich mache eine Ausbildung zur [2] ....
○ Das klingt ja spannend. Welche Aufgaben hast du?
◆ Ich mache oft Teig für Kuchen und Torten. Heute werde ich Torten [3] .... Vorher muss ich sie mit Sahne [4] .... Im Winter backe ich viel [5] .... Am beliebtesten sind unsere [6] ....
○ Interessant. Noch eine Frage: Hast du hier ein Lieblingsgebäck?
◆ Eigentlich mag ich alles, bis auf [7] .... !

6 Welche Brotsorten kennen Sie? Notieren Sie.

Lernwortschatz

die Backstube, -n
der Bäcker, – / die Bäckerin, -nen
der Bäckereifachverkäufer, – / die Bäckereifachverkäuferin, -nen
das Baguette, -s
beraten, hat beraten
bestreuen, hat bestreut
der Brotlaib, -e
das Dauergebäck (Sg.)
dekorieren, hat dekoriert
das Feingebäck (Sg.)
füllen, hat gefüllt
das Kleingebäck (Sg.)
kneten, hat geknetet
der Konditor, -en / die Konditorin, -nen
die Konditorei, -en
die Krume, -n
die Kruste, -n
die Kühltheke, -n
das Laugengebäck (Sg.)
das Plätzchen, –
das Plundergebäck (Sg.)
rühren, hat gerührt
die Taschenablage, -n
der Verkaufsraum, ¨-e
das Vollkornbrot, -e,
der Zwieback, ¨-e

24 In der Metzgerei

1 Beschriften Sie die Bilder.

1 die Auslage ....
(lageAus)

2 der ....
(schnittAuf)

3 das ....
(schFlei)

4 der ....
(wolfFleisch)

5 das ....
(fleischHack)

6 die kalte ....
(tePlat)

7 die ....
(waageLaden)

8 der ....
(kenSchin)

9 die ....
(warenWurst)

2 Verbinden Sie.

1 das Hack	A waren
2 die Wurst	B lage
3 die Aus	C schnitt
4 der Auf	D waage
5 der Fleisch	E fleisch
6 die Laden	F gerei
7 die Metz	G wolf

3 Hören Sie und ergänzen Sie.

braten | Catering | Metzgerei | schmoren

1 Frau Reisig spricht mit der .... Frido.
2 Sie bestellt das .... für ihre Feier.
3 Sie möchte auf ihrer Feier Würste ....
4 Sie möchte außerdem Fleisch, um es zu ....

4 Lesen Sie und ergänzen Sie die Partizipien der markierten Wörter.

Die Verarbeitung von Fleisch

Nach dem Schlachten der Tiere kann das Fleisch unterschiedlich weiterverarbeitet werden. Bei vielen Schinkenarten wird das Fleisch durch Räuchern (= in Rauch hängen) besonders aromatisch. Durch Pökeln (= Behandeln des Fleisches vor allem mit Salz) werden Wurstwaren länger haltbar.

Auch bei der Zubereitung von Fleisch kann man sehr unterschiedlich vorgehen. Wollen Kunden Fleisch, das sich schnell bei großer Hitze braten lässt, so eignen sich Steak oder Würstchen. Möchte jemand Fleisch schmoren, also langsam bei niedriger Hitze zubereiten, so kann man verschiedene Teile vom Rind oder Schwein empfehlen.

1 geschlachtet

2 ....

3 ....

4 ....

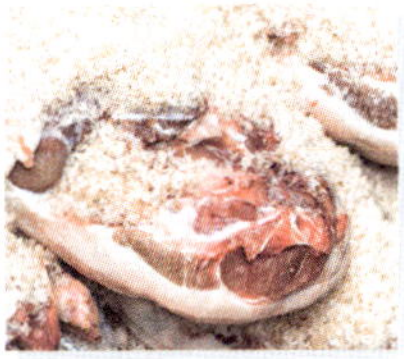

5 ....

5 Bilden Sie Wörter und ergänzen Sie.

Cate chern gerei Metz Plat ring schlach räu ten ten

1 In der .... werden Wurstwaren und Fleisch verkauft. In manchen Teilen Deutschlands sagt man zu diesem Geschäft auch Fleischerei.
2 Manche Metzgereien .... selbst, andere übernehmen nur den Verkauf und die Verarbeitung von Fleisch. Zum Beispiel .... und pökeln sie Schinken.
3 Viele Metzgereien bieten neben dem Verkauf der Ware aus der Theke auch .... an: Sie liefern kalte .... mit Käse und Aufschnitt zu großen Festen.

6 Welche Fleisch- und Wurstspezialitäten kennen Sie? Wie werden sie hergestellt? Notieren Sie.

Lernwortschatz

der Aufschnitt (Sg.) ....
die Auslage, -n ....
braten, hat gebraten ....
das Catering (Sg.) ....
das Fleisch (Sg.) ....
die Fleischerei, -en ....
der Fleischwolf, ¨-e ....
das Hackfleisch (Sg.) ....
die kalte Platte, -n ....
die Ladenwaage, -n ....
die Metzgerei, -en ....
pökeln, hat gepökelt ....
räuchern, hat geräuchert ....
das Rind, -er ....
der Schinken, – ....
schlachten, hat geschlachtet ....
schmoren, hat geschmort ....
das Schwein, -e ....
das Würstchen, – ....
die Wurstware, -n ....

25 In der Drogerie

1 Ordnen Sie zu.

die Accessoires | die Dekoration | die Kosmetik | der Nagellack | das Parfüm | die Pflegeprodukte | ~~der Rasierer~~

1 der Rasierer 2 ________ 3 ________ 4 ________

5 ________ 6 ________ 7 ________

2 Hören Sie und ergänzen Sie.

ausprobieren | duften | eincremen | Geschmack | Gutschein | Produktprobe

1 Parfüm ist ein sehr beliebtes Geschenk. Aber es ist nicht einfach, den ________ einer Person richtig zu treffen: Manche Menschen ________ lieber süß, manche fruchtig. Ist sich ein Kunde bei einem Geschenk nicht ganz sicher, kann man zu einem ________ raten.
2 Gerade bei Kosmetik und Pflegeprodukten wollen Kunden erst ________, bevor sie etwas kaufen. So können sie sicher sein, dass das Produkt gut vertragen wird.
3 Kunden freuen sich auch über eine kostenlose ________. Damit können sie sich zum Beispiel zu Hause ________ und das Pflegeprodukt testen, bevor sie es kaufen.

3 Was passt? Verbinden Sie.

1 stylen	A der Rasierer
2 rasieren	B die Pflegeprodukte
3 schminken	C der Nagellack
4 dekorieren	D die Accessoires
5 Fingernägel lackieren	E die Dekoration
6 duften	F die Kosmetik
7 eincremen	G das Parfüm

4 Hören Sie und ergänzen Sie dann.

◆ Guten Tag, ich brauche dringend ein Geschenk für meine Tante und dachte an ein [1] .... oder so etwas. Können Sie mir weiterhelfen?

○ Ohne ihren [2] .... zu kennen, ist das schwierig. Hier können Sie gern Verschiedenes ausprobieren. Aber da hat jeder andere Vorstellungen. Vielleicht würde sich Ihre Tante auch über einen [3] .... freuen?

◆ Das ist eine gute Idee. Und dann kauf ich einfach noch ein bisschen [4] .... dazu. Meine Tante liebt es, ihre Wohnung zu [5] ....

5 Ergänzen Sie.

1 die Wohnung mit kleinen Gegenständen schöner machen: D _ _ _ _ _ _ _ _ _
2 kleine Haare wegmachen: R _ _ _ _ _ _ _
3 eine kleine Probe zum Testen: die P _ _ _ _ _ _ _ _ _ _ _
4 Geschenk, mit dem man sich selbst etwas kaufen kann: der G _ _ _ _ _ _ _ _
5 Fingernägel mit Nagellack bemalen: L _ _ _ _ _ _ _ _
6 das Gesicht mit Kosmetik schöner machen: S _ _ _ _ _ _ _ _
7 sich die Haare schön machen: S _ _ _ _ _

6 Was kaufen Menschen in der Drogerie? Notieren Sie.

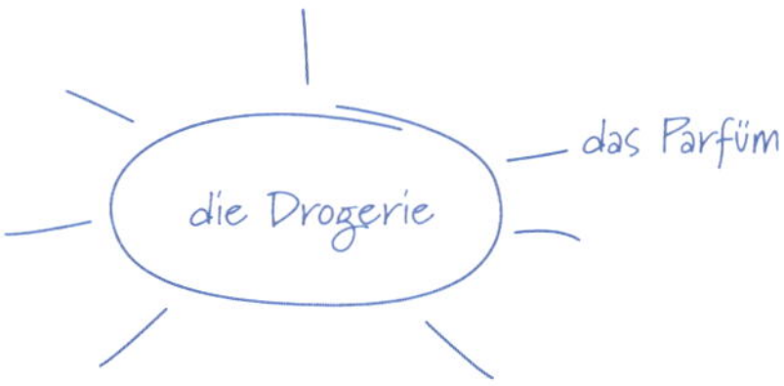

Lernwortschatz

das Accessoire, -s ....
ausprobieren, hat ausprobiert ....
die Dekoration, -en ....
duften, hat geduftet ....
eincremen, hat eingecremt ....
der Fingernagel, ¨- ....
der Geschmack (Sg.) ....
der Gutschein, -e ....
die Kosmetik (Sg.) ....

lackieren, hat lackiert ....
der Nagellack, -e ....
das Parfüm, -s ....
das Pflegeprodukt, -e ....
die Produktprobe, -n ....
rasieren, hat rasiert ....
der Rasierer, – ....
schminken, hat geschminkt ....
stylen, hat gestylt ....

26 Im Outdoorladen

1 Ergänzen Sie.

der Wanderschuh

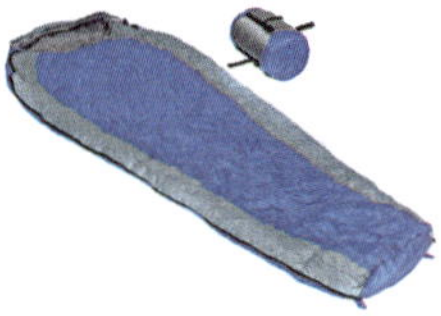

der Schlafsack

das Zelt

die Outdoorjacke

das Taschenmesser

der Mehrwegbecher

die Trinkflasche

1 Mit einem Zelt kann man in der Natur schlafen und wird nicht nass, wenn es regnet.
2 Ein ______ ist ein Becher zum Trinken, den man immer wieder verwenden kann.
3 Ein ______ ist ein Schuh, den man zum Wandern anzieht.
4 Ein ______ hält beim Schlafen im Zelt warm.
5 Ein ______ ist ein Messer, das man unterwegs benutzen kann.
6 Eine ______ ist eine Jacke, die gut gegen Regen, Kälte und Wind schützt.
7 In einer ______ kann man ein Getränk mitnehmen.

2 Verbinden Sie.

1 nachhaltig	A für viele Funktionen geeignet
2 körperbetont	B lange Zeit existierend
3 robust	C Wasser kommt nicht durch
4 wasserdicht	D eng am Körper liegend
5 multifunktional	E kräftig, stabil

3 Hören Sie und ergänzen Sie.

Outdoorjacke | Schlafsäcke | Wanderschuhe | Zelt

◆ Guten Tag, wie kann ich Ihnen helfen?

○ Ich brauche eine [1] ______ für eine längere Wanderung. Am besten eine, die gut gegen Wind schützt. Und dann noch gute und robuste [2] ______. Da wir mehrere Tage unterwegs sein werden, brauche ich auch noch ein [3] ______. Haben Sie auch [4] ______ da?

◆ Ja! Fangen wir doch am besten mit der Jacke an.

4 Hören Sie und ergänzen Sie.

Ausrüstung Imprägnierspray Zubehör

1 Mit einem ______ kann man Jacken und Schuhe einsprühen, um sie wasserdicht zu machen. Das nennt man auch Imprägnieren.
2 Alle Gegenstände, die man zum Beispiel zum Wandern braucht und dabei hat, nennt man ______.
3 Dinge, die man zusätzlich kaufen kann, nennt man ______.

5 Bilden Sie Komposita und notieren Sie mit Artikel.

1 wander~~n~~ + der Schuh = der Wanderschuh
2 trink~~en~~ + die Flasche = ______
3 mehr + der Weg + der Becher = ______
4 imprägnier~~en~~ + das Spray = ______
5 die Tasche + n + das Messer = ______
6 schlaf~~en~~ + der Sack = ______

6 Finden Sie noch vier Adjektive und notieren Sie.

~~betont~~ bust dicht funktional haltig ~~körper~~ multi nach ro wasser

körperbetont, ______

7 Welche Ausrüstung würden Sie für eine Wanderung in den Bergen empfehlen? Notieren Sie.

Lernwortschatz

die Ausrüstung, -en ______	robust ______
imprägnieren, hat imprägniert ______	der Schlafsack, ¨-e ______
das Imprägnierspray, -s ______	das Taschenmesser, – ______
körperbetont ______	die Trinkflasche, -n ______
der Mehrwegbecher, – ______	der Wanderschuh, -e ______
multifunktional ______	wasserdicht ______
nachhaltig ______	das Zelt, -e ______
die Outdoorjacke, -n ______	das Zubehör (Sg.) ______

27 Im Baumarkt

1 **Beschriften Sie die Fotos.**

die Bohrmaschine | ~~der Dübel~~ | die Fliese | das Holz | die Malerrolle | der Meterstab | der Mörtel | der Nagel | die Schraube | der Schraubenzieher | der Spachtel | die Zange

1 der Dübel

2 ....

3 ....

4 ....

5 ....

6 ....

7 ....

8 ....

9 ....

10 ....

11 ....

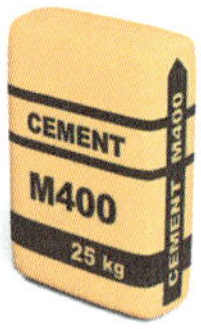

12 ....

2 **Ergänzen Sie das Wörternetz mit den Wörtern aus 1.**

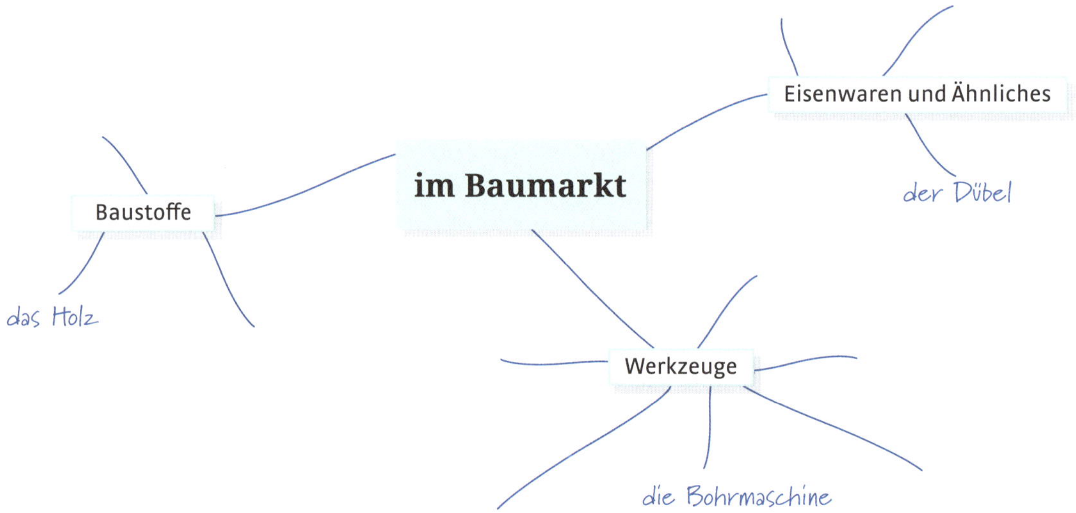

3 Hören Sie und ergänzen Sie.

Eisenwaren Fliesen Malerrollen Mörtel Nägel
~~renovieren~~ streichen verfugen Werkzeug

◆ Guten Tag, ich möchte meine Wohnung [1] renovieren. Ich würde gerne die Wände [2] ______. Und dann möchte ich neue [3] ______ im Bad. Und ein paar Bilder will ich auch aufhängen. [4] ______ habe ich, sonst fehlt mir fast alles. Können Sie mir weiterhelfen?

○ Da haben Sie ja einiges vor. Fliesen finden Sie bei den Baustoffen. Da ist auch [5] ______. Mit dem können Sie die Fliesen dann [6] ______. Wenn Sie Bilder aufhängen möchten, dann brauchen Sie [7] ______. Die sind in unserer Abteilung für [8] ______. Und Farbe und [9] ______ gibt's direkt am Ausgang rechts.

4 Wie kann man das auch sagen? Verbinden Sie.

1 Löcher machen — C
2 Farbe an die Wand machen
3 neu machen
4 die Größe feststellen
5 Löcher zumachen

A streichen
B renovieren
C bohren
D verfugen
E ausmessen

5 Was kann man noch im Baumarkt kaufen? Finden Sie weitere Wörter zu den Kategorien in Aufgabe 2.

Baustoffe: | Werkzeuge: | Eisenwaren und Ähnliches:

Lernwortschatz

ausmessen, hat ausgemessen ______
der Baustoff, -e ______
bohren, hat gebohrt ______
die Bohrmaschine, -n ______
der Dübel, – ______
die Eisenwaren (Pl.) ______
die Fliese, -n ______
das Holz (Sg.) ______
die Malerrolle, -n ______
der Meterstab, ¨-e ______
der Mörtel (Sg.) ______
der Nagel, ¨ ______
renovieren, hat renoviert ______
die Schraube, -n ______
der Schraubenzieher, – ______
der Spachtel, -n ______
streichen, hat gestrichen ______
verfugen, hat verfugt ______
das Werkzeug, -e ______
die Zange, -n ______

28 In der Boutique

1 Ergänzen Sie.

abstecken

anprobieren

aufhängen

kürzen

Maß nehmen

zusammenlegen

1 Im Frühjahr und im Herbst präsentieren viele Modefirmen ihre neue Kollektion. In der Boutique ist dann viel los, denn alle wollen die neue Kleidung anprobieren.
2 Wenn zum Beispiel ein Rock zu lang ist, kann man ihn ....
3 Vor dem Kürzen muss man die gewünschte Länge mit Nadeln ....
4 Damit man weiß, wie viel geändert werden muss, muss man mit einem Maßband am Kunden ....
5 In einer Boutique muss man täglich mehrmals aufräumen. Vor allem muss man die Kleider auf Kleiderbügel .... oder T-Shirts und Pullover im Bereich der Liegeware ....

2 Beschriften Sie das Bild.

~~die Hängeware~~ der Kassenbereich der Kleiderbügel der Kleiderständer die Liegeware das Schaufenster die Umkleide der Verkaufstisch

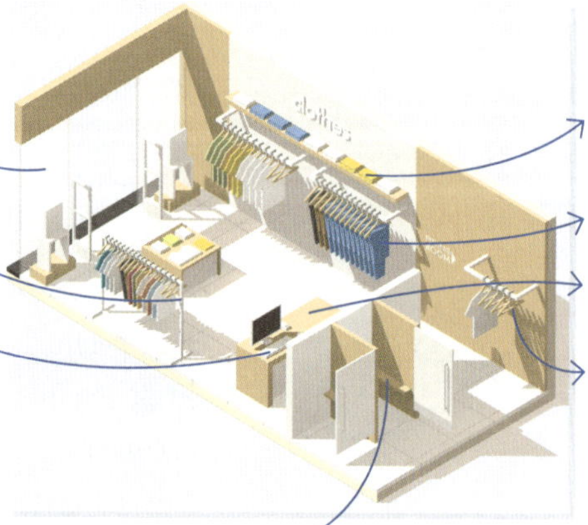

1 ....
2 ....
3 ....
4 ....
5 ....
6 die Hängeware
7 ....
8 ....

3 Bilden Sie Komposita und notieren Sie mit Artikel.

1 verkaufen + s + der Tisch = der Verkaufstisch
2 hängen + die Ware = ...
3 die Kleider + der Bügel = ...
4 die Kleider + der Ständer = ...
5 liegen + die Ware = ...
6 schauen + das Fenster = ...

4 Was ist richtig? Kreuzen Sie an.

1 Eine Kundin hat ein neues Kleid ○ aufgehängt. ○ anprobiert.
2 Das Kleid hing ○ im Schaufenster. ○ auf dem Kleiderständer.
3 Die Kundin wollte nicht, dass Linda das Kleid ○ zusammenlegt. ○ absteckt.
4 Die Kundin war danach lange ○ im Kassenbereich. ○ in der Umkleide.
5 Eigentlich wollte Linda heute ○ die Liegeware zusammenlegen. ○ die Hängeware aufhängen.

5 Welches Verb aus 1 passt? Ergänzen Sie.

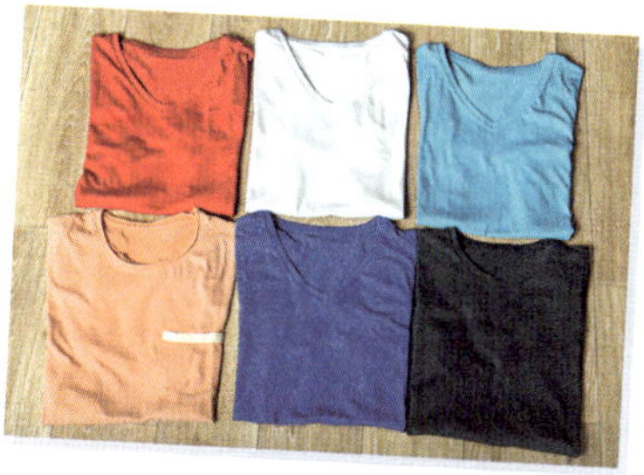

1 einen langen Rock kürzen
2 die Länge mit Nadeln ....
3 Kleider auf Kleiderbügel ....
4 ein Kleid in der Umkleide ....
5 T-Shirts für den Verkaufstisch ....
6 an der Kundin Maß ....

6 Was sind typische Aufgaben in einer Boutique? Notieren Sie.

Aufgaben:
1. mehrmals täglich aufräumen
2.
...

Lernwortschatz

abstecken, hat abgesteckt ....
aufhängen, hat aufgehängt ....
die Boutique, -n ....
die Hängeware (Sg.) ....
der Kleiderbügel, – ....
der Kleiderständer, – ....
die Kollektion, -en ....
kürzen, hat gekürzt ....
die Liegeware (Sg.) ....
Maß nehmen, hat Maß genommen ....
....
die Nadel, -n ....
die Umkleide, -n ....
der Verkaufstisch, -e ....
zusammenlegen, hat zusammengelegt ....
....

29 Textilien

1 Ordnen Sie zu.

A

B

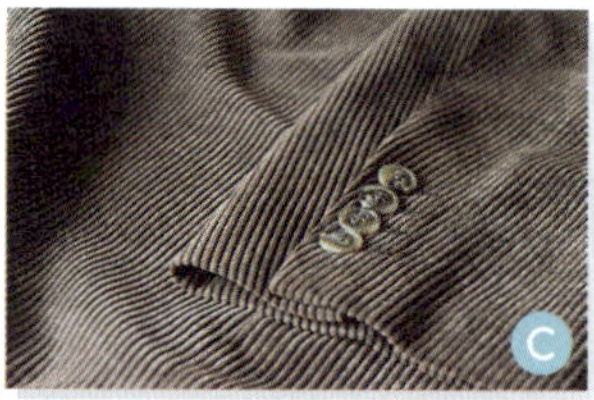
C

D

E

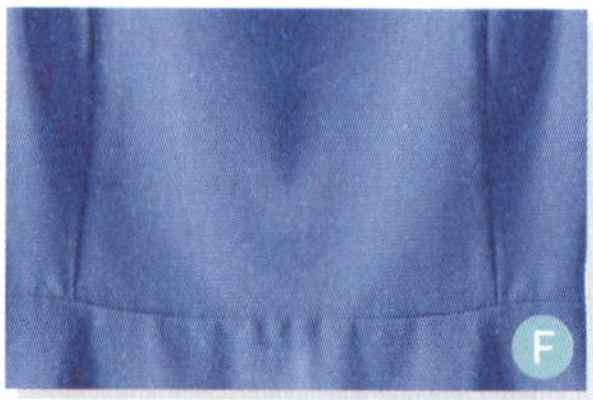
F

G

H

I

1 G Polyester
2 ...... Spitze
3 ...... Leder
4 ...... Satin
5 ...... Baumwolle
6 ...... Samt
7 ...... Wolle
8 ...... Cord
9 ...... Leinen

2 Waschhinweise. Verbinden Sie.

1 Nicht bleichen
2 Nicht für den Wäschetrockner geeignet
3 Nicht bügeln
4 Waschbar bei 60 Grad
5 Chemische Reinigung
6 Nur Handwäsche
7 Schonend trocken

C

F

A

B

E

D

G

3 Was ist richtig? Hören Sie und kreuzen Sie an.

1 Leder wird am besten ○ als Handwäsche gereinigt. ○ gebleicht.
2 Ein T-Shirt aus Baumwolle ○ muss in die chemische Reinigung. ○ ist für den Wäschetrockner geeignet.
3 Ein Abendkleid aus Spitze ○ ist waschbar bei 90 Grad. ○ sollte in die Reinigung.
4 Der Wollpullover ○ muss gebügelt ○ sollte schonend getrocknet werden.

4 Ergänzen Sie.

bleichen | bügeln | Leinen | Satin | Waschhinweis

1 In jedem Kleidungsstück hängt ein kleiner Zettel mit dem .... Er gibt an, wie man das Kleidungsstück waschen sollte.
2 Empfindliche Stoffe wie Spitze oder .... darf man nicht in der Waschmaschine waschen.
3 Manche Textilien wie Baumwolle oder .... kann man auch bei höheren Temperaturen waschen.
4 Um Wäsche glatt zu bekommen, muss man sie ....
5 Damit weiße Wäsche wieder weiß wird, muss man sie ....

5 Finden Sie sechs Wörter und notieren Sie.

U	O	K	W	D	B	A	U	M	W	O	L	L	E	I	D	S	X	O
K	C	R	X	X	T	H	A	U	M	N	E	T	O	W	A	R	K	Y
H	O	Y	T	Q	I	J	E	M	D	A	R	S	J	N	Y	C	L	D
V	R	X	S	L	J	N	A	J	L	L	I	P	W	O	L	L	E	R
H	D	M	A	A	X	P	O	M	A	T	I	O	I	E	R	U	D	G
R	C	M	M	Y	E	L	G	G	D	G	X	J	I	S	O	T	E	R
K	R	G	T	D	W	E	I	X	P	O	L	Y	E	S	T	E	R	E

....
....
....
....
....
....

6 Was gibt es bei der Pflege von Textilien zu beachten? Notieren Sie.

Lernwortschatz

die Baumwolle (Sg.) ....
bleichen, hat gebleicht ....
bügeln, hat gebügelt ....
chemisch ....
der Cord (Sg.) ....
empfindlich (Sg.) ....
geeignet ....
die Handwäsche (Sg.) ....
das Leder (Sg.) ....
das Leinen (Sg.) ....
der Polyester (Sg.) ....
die Reinigung, -en ....
der Samt (Sg.) ....
der Satin (Sg.) ....
schonend ....
die Spitze (Sg.) ....
die Textilien (Pl.) ....
trocknen, hat getrocknet ....
waschbar ....
der Wäschetrockner, – ....
der Waschhinweis, -e ....
die Wolle (Sg.) ....

30 Im Elektrohandel

1 Beschriften Sie die Fotos.

der Adapter | die Batterie | das Festnetztelefon | der Geschirrspüler | der Heizlüfter | die Konsole | das Ladegerät | die Mehrfachsteckdose | ~~das Verlängerungskabel~~

1 das Verlängerungskabel

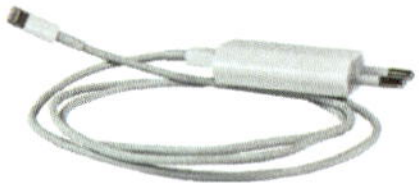

2 ……………

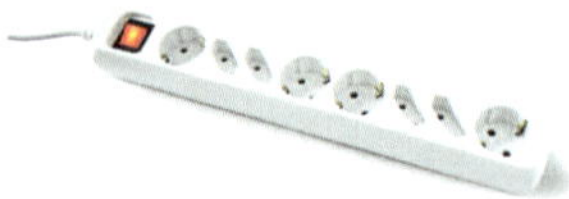

3 ……………

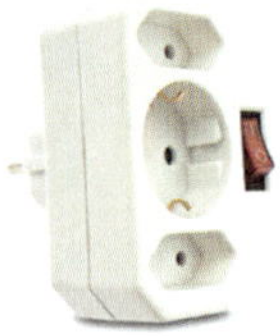

4 ……………

5 ……………

6 ……………

7 ……………

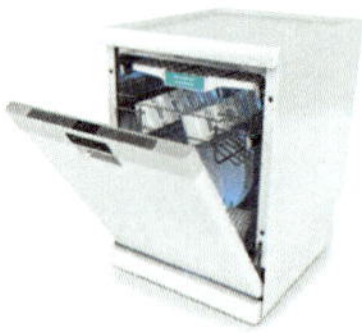

8 ……………

9 ……………

2 Hören Sie und ordnen Sie die Wörter aus 1 zu.

1 weiße Ware: ……………
2 braune Ware: ……………
3 rote Ware: ……………
4 graue Ware: ……………
5 Zubehör: der Adapter, ……………

3 Schreiben Sie die Wörter richtig.

1 Bei teuren Geräten wie einem Geschirrspüler oder einer Konsole wird oft …………… (finanzierungRaten) angeboten: Dabei zahlt man jeden Monat ein bisschen Geld statt einmal den kompletten Preis. Die monatliche Zahlung heißt …………… (teRa).

2 Zahlt man sofort die ganze Summe, dann nennt man das …………… (finanzierungDirekt). Sofort zu bezahlen, kostet insgesamt weniger – der Unterschied zur Zahlung pro Monat heißt …………… (zinsJahres).

4 Lesen Sie und ergänzen Sie.

Direktfinanzierung | effektive Jahreszins | ~~Rate~~ | Ratenfinanzierung

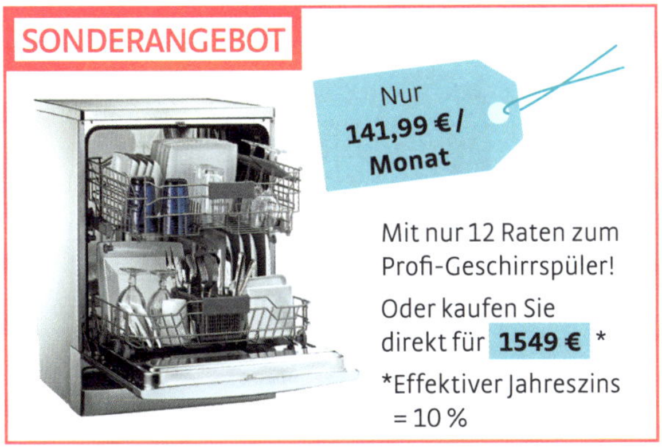

1 Die Rate pro Monat beträgt 141,99 €.
2 Die .... läuft über 12 Monate.
3 Bei der .... zahlt man einmal 1549 €.
4 Der .... beträgt 10 Prozent.

5 Lösen Sie das Rätsel und finden Sie das Lösungswort.

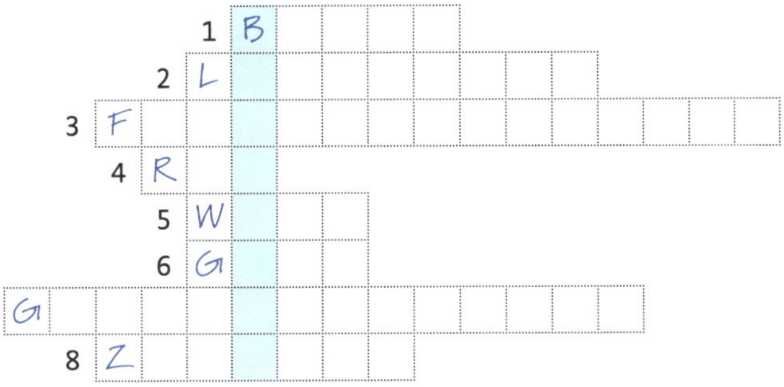

1 Warengruppe Unterhaltung: Farbe
2 Das braucht man, wenn der Akku des Handys leer ist.
3 Damit kann man zu Hause telefonieren.
4 Warengruppe Heizungen: Farbe
5 Warengruppe Haushaltsgeräte: Farbe
6 Warengruppe Telefone und Handy: Farbe
7 Wäscht Geschirr automatisch
8 Warengruppe Verlängerungskabel und Adapter

Lösung: ....

6 Was gibt es im Elektrohandel zu kaufen? Notieren Sie.

Lernwortschatz

der Adapter, – ....
die Batterie, -n ....
die braune Ware (Sg.) ....
die Direktfinanzierung (Sg.) ....
der effektive Jahreszins (Sg.) ....
der Elektrohandel (Sg.) ....
das Festnetztelefon, -e ....
der Geschirrspüler, – ....
die graue Ware (Sg.) ....
der Heizlüfter, – ....
die Konsole, -n ....
das Ladegerät, -e ....
die Mehrfachsteckdose, -n ....
die Rate, -n ....
die Ratenfinanzierung (Sg.) ....
die rote Ware (Sg.) ....
das Verlängerungskabel, – ....
die weiße Ware (Sg.) ....

31 Ladenschluss

1 Hören Sie und bringen Sie die Tätigkeiten in die richtige Reihenfolge.

____ den Laden abschließen
____ die Kasse herunterfahren
1 Bargeld abschöpfen
____ sich ausstempeln
____ frische Waren in die Kühlung bringen
____ Geld in den Tresor bringen
____ Ware auf Schimmel überprüfen
____ verdorbene Ware aussortieren

2 Beschriften Sie die Bilder mit den Wörtern aus 1.

1 verdorbene Ware aussortieren

2 ____________

3 ____________

4 ____________

5 ____________

6 ____________

7 ____________

8 ____________

3 Hören Sie und ergänzen Sie.

Ausschussware
Chargennummer
Hygiene Kühlkette
~~Mindesthaltbarkeitsdatum~~
Produktrückruf
Verfallsdatum

Die Chargennummer findet man auf der Verpackung.

Wenn ein Lebensmittel Mängel hat, kann der Hersteller einen Produktrückruf machen.

1 Auf allen Lebensmittelverpackungen steht ein Datum. Das ist das *Mindesthaltbarkeitsdatum*. Dieses Datum sagt, bis wann Ware mindestens gut ist.

2 Bei Waren wie Fisch und Fleisch gibt es auch noch ein anderes Datum: das .... Es sagt, ab wann ein Produkt verfällt, also nicht mehr gegessen werden darf.

3 Waren wie Joghurt, Fleisch und Fisch müssen immer gekühlt werden. Es ist wichtig, die .... einzuhalten. Sonst kann das Produkt schlecht werden.

4 Manchmal kommt es zu einem ....: Alle Produkte, die zu einer bestimmten Zeit hergestellt wurden, dürfen nicht mehr verkauft werden. Kunden dürfen sie zurückbringen. Damit man erkennen kann, welche Produkte wann hergestellt wurden, haben die Produkte eine Nummer. Diese Nummer heißt ....

5 Manchmal kommt es bei der Herstellung von Produkten zu Fehlern. Das Produkt ist also weniger gut als normal. Wenn es nur leichte Fehler sind, dann kann das Produkt zu reduzierten Preisen verkauft werden. Ansonsten muss es aussortiert und entsorgt werden. Es handelt sich dann um ....

6 Im Einzelhandel muss alles sauber sein. .... ist dort sehr wichtig. Ware mit Schimmel muss schnell aussortiert werden. Es wird dort auch oft geputzt.

4 Was machen Sie nach Ladenschluss? Notieren Sie.

Lernwortschatz

abschließen, hat abgeschlossen ....
abschöpfen, hat abgeschöpft ....
die Ausschussware, -n ....
aussortieren, hat aussortiert ....
sich ausstempeln, hat sich ausgestempelt ....
die Chargennummer, -n ....
herunterfahren, hat heruntergefahren ....
die Hygiene (Sg.) ....
die Kühlkette, -n ....
die Kühlung, -en ....
der Ladenschluss (Sg.) ....
das Mindesthaltbarkeitsdatum, -daten ....
der Produktrückruf, -e ....
der Schimmel (Sg.) ....
der Tresor, -e ....
das Verfallsdatum, -daten ....

32 Serviceleistungen

1 **Was ist richtig? Hören Sie und kreuzen Sie an.**

1 Bei dem Hemd muss man ○ den Ärmel kürzen. ○ den Knopf annähen.
2 Die Waschmaschine soll ○ angeschlossen ○ ersetzt werden.
3 Der Toaster soll ○ ersetzt ○ repariert werden.
4 Das Geschenk soll ○ zugestellt ○ verpackt werden.
5 Der Kunde möchte ○ ein Ersatzteil. ○ Geschenkpapier.

2 **Beschriften Sie die Bilder.**

der Änderungsservice | der Ersatzteilservice | der Installationsservice | der Reparaturservice | der Verpackungsservice | ~~der Zustellservice~~

1 der Zustellservice

2 ....

3 ....

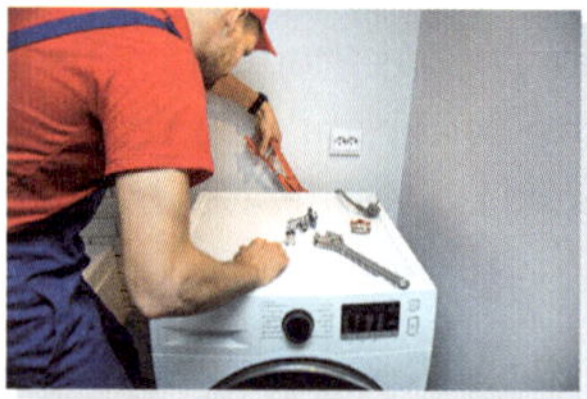

4 ....

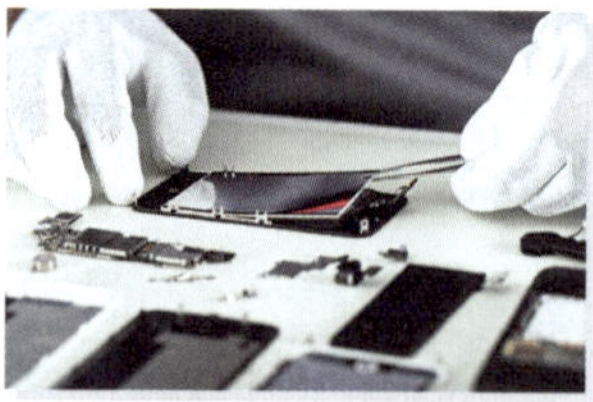

5 ....

6 ....

3 **Verbinden Sie.**

1 einen Knopf annähen — F
2 ein Geschenk verpacken
3 ein Ersatzteil versenden
4 Möbel zustellen
5 eine Waschmaschine anschließen
6 einen Toaster reparieren

A der Zustellservice
B der Reparaturservice
C der Verpackungsservice
D der Installationsservice
E der Ersatzteilservice
F der Änderungsservice

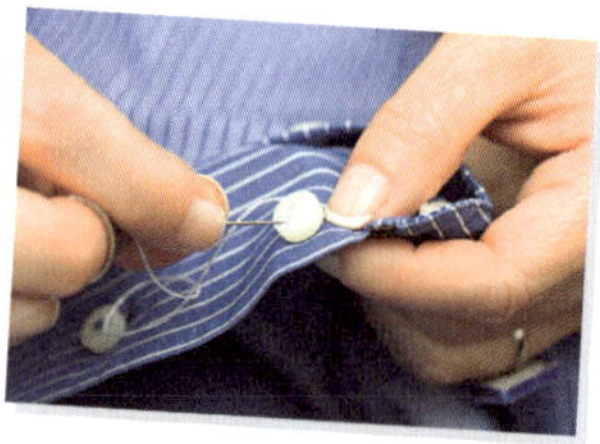

4 a Beschriften Sie.

das Geschenkband das Geschenkpapier die Schleife

2 ______________________

1 ______________________

3 ______________________

b Ergänzen Sie die Wörter aus 4a.

Beim Verpackungsservice wird das Geschenk zuerst in [1] ______________________ eingepackt. Anschließend kommt das [2] ______________________ um das Geschenk. Am Ende wird oben noch eine [3] ______________________ gemacht.

5 Verbinden Sie.

1 ein Geschenk ver	A stellen
2 Möbel zu	B packen
3 einen Knopf an	C setzen
4 ein Teil er	D nähen

6 Welche Serviceleistungen werden im Einzelhandel angeboten? Notieren Sie und nennen Sie Beispiele.

Serviceleistungen:

der Installationsservice:
Waschmaschine anschließen, …

…

Lernwortschatz

der Änderungsservice (Sg.) ______________________
annähen, hat angenäht ______________________
anschließen, hat angeschlossen ______________________
das Ersatzteil, -e ______________________
der Ersatzteilservice (Sg.) ______________________
ersetzen, hat ersetzt ______________________
das Geschenkband, ¨-er ______________________
das Geschenkpapier, -e ______________________
der Installationsservice (Sg.) ______________________
der Knopf, ¨-e ______________________
der Reparaturservice (Sg.) ______________________
reparieren, hat repariert ______________________
die Schleife, -n ______________________
die Serviceleistung, -en ______________________
verpacken, hat verpackt ______________________
der Verpackungsservice (Sg.) ______________________
zustellen, hat zugestellt ______________________
der Zustellservice (Sg.) ______________________

33 Haltet den Dieb! Kriminalität im Einzelhandel

1 Schreiben Sie die Wörter richtig.

1 der Raub
(ubRa)

2 der ....
(stahlDieb)

3 das ....
(geldFalsch)

4 der ....
(trugBe)

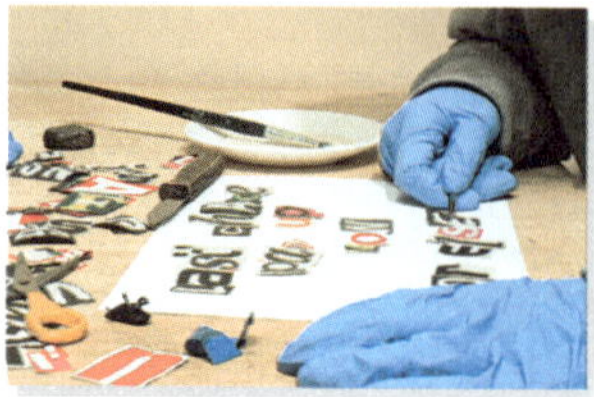

5 die ....
(pressungEr)

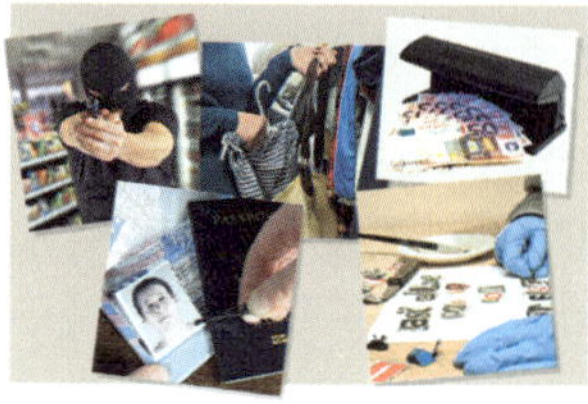

6 die ....
(nalitätKrimi)

2 Ergänzen Sie die Nomen.

1 stehlen der Diebstahl
2 erpressen ....
3 betrügen ....
4 rauben ....

3 Wie heißt das? Verbinden Sie.

1 zu wenig Geld in der Kasse
2 ein Angestellter, der Diebe entdecken soll
3 eine Anlage, die Lärm macht
4 vorbeugende Maßnahme
5 Plan, um Kriminalität zu bekämpfen
6 eine Kamera, die die Verkaufsfläche filmt

A die Überwachungskamera
B die Alarmanlage
C das Manko
D das Sicherheitskonzept
E die Prävention
F der Detektiv

die Alarmanlage

die Überwachungskamera

4 Was passt nicht? Streichen Sie.

1 der Raub – das Sicherheitskonzept – der Diebstahl – der Betrug
2 rauben – stehlen – betrügen – entdecken
3 die Überwachungskamera – die Alarmanlage – das Manko – der Detektiv

5 Hören Sie und ergänzen Sie.

◆ In letzter Zeit haben wir echt viele Probleme mit [1] ______________________.
Wir müssen dringend etwas dagegen tun.
○ Ja, mir ist neulich beim Kassenschluss ein großes [2] ______________________ aufgefallen. Es hat richtig viel Geld in der Kasse gefehlt. Es war sogar [3] ______________________ dabei! Und Waren fehlen auch häufiger. Wir brauchen eine Strategie dagegen, so machen wir zu viel Verlust. Fällt jemandem etwas ein?
◆ Wir haben doch schon einmal über ein neues [4] ______________________ gesprochen. Wir sollten wirklich mehr Maßnahmen zur [5] ______________________ umsetzen.
○ An welche Maßnahmen denkst du da? Zu teuer sollte es ja auch nicht sein.
◆ Es gibt vor allem bei den elektronischen Geräten [6] ______________________.
Eine weitere [7] ______________________ könnte hier helfen. Im Moment sieht man nicht die ganze Verkaufsfläche.
○ Das klingt gut. Ich werde den Vorschlag mit der Buchhaltung besprechen.

6 Finden Sie noch vier Verben und notieren Sie.

~~be~~ ben decken ent er len pressen rau steh ~~trügen~~

betrügen, ______________________

____

7 Wie kann man Kriminalität im Einzelhandel vermeiden? Notieren Sie.

Lernwortschatz

die Alarmanlage, -n ______________
der Betrug (Sg.) ______________
betrügen, hat betrogen ______________
der Detektiv, -e ______________
der Diebstahl, ¨-e ______________
entdecken, hat entdeckt ______________
erpressen, hat erpresst ______________
die Erpressung, -en ______________
das Falschgeld (Sg.) ______________
die Kriminalität (Sg.) ______________
das Manko, -s ______________
die Prävention, -en ______________
der Raub, -e ______________
rauben, hat geraubt ______________
das Sicherheitskonzept, -e ______________
stehlen, hat gestohlen ______________
die Überwachungskamera, -s ______________
____

34 Umweltschutz und richtige Entsorgung

1 Was bedeuten die Zeichen? Verbinden Sie.

Energieeffizienz | Gefahrensiegel | Mehrwegsystem | Radioaktivität

1 

2 

3 

4 

2 Hören und ergänzen Sie. Hören Sie dann noch einmal zur Kontrolle.

Elektroschrott | Energieeffizienz | Entsorgung | Jutebeutel | Mehrwegsystem | Mülltrennung | Pfand | Plastiktüten | Recycling | Verpackung | Wertstoffhof

1 Viel Müll entsteht durch die .... von Produkten. Deswegen hilft es, wenn wenige Produkte mit Plastikverpackung angeboten werden.
2 Man sollte Kunden keine billigen .... zur Verfügung stellen. Stattdessen kann man plastikfreie Taschen wie .... anbieten.
3 Bei Elektrogeräten wie Kühlschränken wird die .... angegeben. Durch Geräte, die wenig Energie verbrauchen, kann man Geld sparen und etwas für die Umwelt tun.
4 Flaschen können im .... wiederverwendet werden. Kunden bekommen Geld, das sogenannte ...., wenn sie Flaschen wieder im Laden abgeben.
5 Wichtig ist, was mit dem Müll passiert. .... hilft, das Verpackungsmaterial wiederzuverwenden.
6 Verkauft ein Geschäft Elektrogeräte, so muss sich dieses Geschäft um die .... kümmern, wenn die Geräte alt und kaputt sind. Aber auch die Kunden können .... entsorgen. Das geht beim ....
7 Manche Dinge kann man wiederverwerten. Das heißt, man kann aus ihnen ein neues Produkt herstellen. Das nennt man ....

3 Was passt zusammen? Verbinden Sie.

1 der Elektro — A hof
2 die Müll — B schrott
3 der Umwelt — C cycling
4 der Wertstoff — D schutz
5 die Radio — E trennung
6 das Re — F aktivität

4 Welche Arten von Müll gibt es? Finden Sie noch sechs Wörter und beschriften Sie die Bilder.

FASPERRMÜLLDFARMSONDERMÜLLFNOPVBIOABFALLFZEALTGLAST
IUBZVELEKTROSCHROTTLONBALTPAPIERDASRVERPACKUNGSMÜLL

1 der Sperrmüll

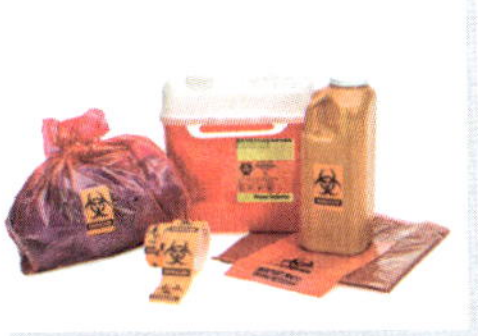
2 der ……

3 der ……

4 das ……

5 der ……

6 das ……

7 der ……

5 Lösen Sie das Rätsel.

1 J
2 S
3 M
4 R
5 M
6

1 Tasche aus Stoff
2 Müll für große Gegenstände, zum Beispiel alte Möbel
3 System zur Wiederverwendung von Flaschen
4 Wiederverwertung von Stoffen
5 Sortieren von Müll
6 Dort bringt man Elektroschrott hin

Lösung: ……

6 Was kann man im Einzelhandel für den Umweltschutz tun? Notieren Sie.

Lernwortschatz

das Altglas (Sg.) ……
das Altpapier (Sg.) ……
der Bioabfall, ¨-e ……
das Elektrogerät, -e ……
der Elektroschrott (Sg.) ……
die Energieeffizienz (Sg.) ……
die Entsorgung, -en ……
das Gefahrensiegel, – ……
der Jutebeutel, – ……
das Mehrwegsystem, -e ……
die Mülltrennung (Sg.) ……
das Pfand (Sg.) ……
die Plastiktüte, -n ……
die Radioaktivität (Sg.) ……
das Recycling (Sg.) ……
der Sondermüll (Sg.) ……
der Sperrmüll (Sg.) ……
der Umweltschutz (Sg.) ……
die Verpackung, -en ……
der Verpackungsmüll (Sg.) ……
der Wertstoffhof, ¨-e ……
wiederverwerten, hat wiederverwertet ……

Wörterverzeichnis

Die Zahl gibt die Nummer des Wortfelds an.

Abholschein der, -e **14**
abschließen, hat abgeschlossen **31**
abschöpfen, hat abgeschöpft **31**
abstecken, hat abgesteckt **28**
Abwanderung die, -en **16**
abweichend **10**
abziehen, hat abgezogen **6**
Accessoire das, -s **25**
Adapter der, – **30**
Aktion die, -en **7**
Aktionskalender der, – **7**
Aktionssortiment das, -e **5**
Aktionsverkauf der, ¨-e **7**
Alarmanlage die, -n **33**
Alleinstellungsmerkmal das, -e **16**
Allergie die, -n **21**
Allgemeinen Geschäftsbedingungen die (Pl.) (AGB) **12**
Alternative die, -n **11**
Altglas das (Sg.) **34**
Altkunde der, -n **7**
Altpapier das (Sg.) **34**
ambulant **3**
anbauen, hat angebaut **21**
anbieten, hat angeboten **4**
Änderungsservice der (Sg.) **32**
Angebot das, -e **4**
Anlass der, ¨-e **9**
annähen, hat angenäht **32**
annehmen, hat angenommen **14**
Annonce die, -n **17**
anprobieren, hat anprobiert **9**
Anrede die, -n **8**
anschließen, hat angeschlossen **32**
Ansicht die, -en **14**
Arbeitsvertrag der, ¨-e **1**
Artikelnummer die, -n **14**
auffüllen, hat aufgefüllt **19**
aufhängen, hat aufgehängt **28**
aufschlagen, hat aufgeschlagen **6**
Aufschnitt der (Sg.) **24**
Aufzug der, ¨-e **18**
Ausbildung die, -en **1**
ausgeben, hat ausgegeben **9**
Ausgleich der (Sg.) **10**
Aushilfe die, -n **1**
Auslage die, -n **24**
ausmessen, hat ausgemessen **27**
auspreisen, hat ausgepreist **6**
ausprobieren, hat ausprobiert **25**
ausrollen, hat ausgerollt **17**
Ausrüstung die, -en **26**
Ausschussware die, -n **31**
aussortieren, hat aussortiert **31**
ausstempeln sich, hat sich ausgestempelt **31**
Auszubildende der/die, Auszubildende, die Auszubildenden **1**
Bäcker der, – / Bäckerin die, -nen **23**
Bäckereifachverkäufer der, – / Bäckereifachverkäuferin die, -nen **23**
Backstube die, -n **23**
Baguette das, -s **23**
Bahnhofsshop der, -s **22**
Bargeld das (Sg.) **20**
bargeldlos **20**
barrierefrei **18**
Batterie die, -n **30**
Baumwolle die (Sg.) **29**
Baustoff der, -e **27**
begrenzen, hat begrenzt **11**
bequem **9**
beraten, hat beraten **23**
berechnen, hat berechnet **6**
beschaffen, hat beschafft **15**
beschweren sich, hat sich beschwert **11**
Beschwerde die, -n **11**
Bestell- und Versandhandel der (Sg.) **3**
bestellen, hat bestellt **3**
Bestellkondition die, -en **14**
Bestellmenge die, -n **15**
Bestellpunkt der, -e **15**
Bestellung die, -en **3**
Bestellzyklus der, -zyklen **15**
bestreuen, hat bestreut **23**
Bestseller der, – **6**
Betrag der, ¨-e **20**
betreiben, hat betrieben **17**
Betriebsrat der, ¨-e / Betriebsrätin die, -nen **1**
Betrug der (Sg.) **33**
betrügen, hat betrogen **33**
Bioabfall der, ¨-e **34**
Bioladen der, ¨- **21**
biologisch (bio) **21**
Bio-Siegel das, – **21**
bleichen, hat gebleicht **29**
Blumenladen der, ¨- **2**
bohren, hat gebohrt **27**
Bohrmaschine die, -n **27**
Boutique die, -n **28**
Branchendienst der, -e **16**
braten, hat gebraten **24**
braune Ware die (Sg.) **30**
breit **5**
Briefmarke die, -n **13**
Brotlaib der, -e **23**
brutto **6**
Bückzone die (hier nur Sg.) **19**
Budget das, -s **17**
bügeln, hat gebügelt **29**
Businessplan der, ¨-e **16**
Catering das (Sg.) **24**
Chargennummer die, -n **31**
chemisch **29**
Copyrightzeichen das, – **16**
Cord der (Sg.) **29**
Datenschutz der (Sg.) **12**
Dauergebäck das (Sg.) **23**
decken, hat gedeckt **6**
defekt **10**
Dekoration die, -en **25**
dekorieren, hat dekoriert **23**
Design das, -s **12**
Detektiv der, -e **33**
Diabetes der (Sg.) **21**
Diät die, -en **21**
Diebstahl der, ¨-e **33**
Dienstleistung die, -en **4**
Direktfinanzierung die (Sg.) **30**
Direktvertrieb der (Sg.) **3**
Disponent der, -en / Disponentin die, -nen **15**
disponieren, hat disponiert **15**
Drogerie die, -n **19**
Dübel der, – **27**
duften, hat geduftet **25**
duzen, hat geduzt **8**
EC-Karte die, -n **20**
E-Commerce der (Sg.) **12**
effektive Jahreszins der (Sg.) **30**
eincremen, hat eingecremt **25**

Quellenverzeichnis

Cover: © Getty Images/iStock/JackF
Fotos Innenteil:
S. 6: Ü1: Ausbildung © Getty Images/iStock/stockfour; Arbeitsvertrag © Getty Images/iStock/seb_ra; Kollege © Getty Images/iStock/RossHelen; Filialleiterin © Getty Images/iStock/dragana991; Gewerkschaft © Getty Images/iStock Unreleased/ollo – Wiesbaden, Deutschland – 19. März 2014: Teilnehmer eines Warnstreiks und einer Demonstration für höhere Löhne im öffentlichen Dienst in der Wiesbadener Innenstadt. Die Demonstration wurde von der Gewerkschaft Verdi organisiert.; Mutterschutz © Getty Images/iStock/Prostock-Studio; Schichtplan © Getty Images/iStock/Chainarong Prasertthai; Ü2: Foto © Getty Images/iStock/fizkes
S. 7: Foto © Getty Images/iStock/Smederevac
S. 8: Ü1: 1 © Getty Images/E+/Csondy; 2 © Getty Images/iStock/David Crespo; 3 © Getty Images/E+/AscentXmedia; 4 © Getty Images/E+/AscentXmedia; 5 © pattilabelle – stock.adobe.com; 6 © Getty Images/E+/vm; Ü3: 1 © Getty Images/E+/yoh4nn; 2 © Getty Images/E+/GlobalStock; 3 © Getty Images/E+/Hispanolistic
S. 9: Ü3: 4 © Getty Images/E+/alvarez; 5 © Getty Images/iStock/berndstuhlmann; 6 © Getty Images/iStock/ferrantraite; Ü5: Foto © Getty Images/iStock/AntonioGuillem
S. 10: Ü2: 1 © Getty Images/iStock/sturti; 2 © Getty Images/E+/zeljkosantrac; 3 © Getty Images/iStock/AndreyPopov; 4 © Getty Images/E+/simonkr; Ü4: Foto © Thinkstock/iStock/monkeybusinessimages
S. 12: Ü1: Wirtschaft © Getty Images/iStock/metamorworks; freie Güter © fotolia/free_photo; Produktionsgüter © Getty Images/iStock/yoh4nn; Konsumgüter © creativenature.nl – stock.adobe.com; Dienstleistung © iStock/Georgethefourth; Recht © Thinkstock/iStock/FikMik; knappe Güter © Getty Images/iStock/Scharfsinn86; Luxusgüter © Getty Images/iStock/photosvit; Ü2: Foto © Getty Images/E+/andresr
S. 13: Ü5: Foto © fotolia/Syda Productions
S. 14: Ü1: 1 © Getty Images/iStock/JurgaR; 2 © Getty Images/iStock/glebchik; 3 © Getty Images/iStock/South_agency; 4 © Hueber Verlag/Britta Meier; 5 © Getty Images/iStock/megakunstfoto
S. 15: Ü3: 1 © Getty Images/iStock/camaralenta; 2 © Getty Images/iStock/max-kegfire; 3 © iStock/timchen; 4 © Getty Images/iStock/Photography by Ashley Hayes
S. 16: Ü1: Foto © Thinkstock/iStock/karelnoppe; Ü2: Foto © Getty Images/iStock/https://www.facebook.com/PlargueDoctor/
S. 17: Ü4: Foto © Getty Images/iStock/Axel Bueckert
S. 18: Ü1: Mengenrabatt © Getty Images/iStock/Space_Cat; Jahresbonus © Getty Images/iStock/Gorlov; Skonto © Andrey Popov – stock.adobe.com; Treuepunkte © Getty Images/E+/andresr; Schlussverkauf © Getty Images/iStock/Daria Nipot; Aktionsverkauf © Getty Images/E+/Capuski
S. 19: Ü4: Foto © rawpixel.com – stock.adobe.com
S. 20: Ü1: eilig © Getty Images/E+/FangXiaNuo; Einwand © Getty Images/iStock/ackF; feilschen © Getty Images/E+/Marcus Chung; sparsam © Getty Images/iStock/Foremniakowski; spontan © Getty Images/E+/tdub303; überzeugen © Getty Images/E+/gilaxia; unentschlossen © Getty Images/E+/AleksandarNakic
S. 21: Ü4: Foto © Getty Images/iStock/AlexandrBognat; Ü6: Foto © Getty Images/Photodisc/Image Source
S. 22: Ü2: Foto © Getty Images/E+/eclipse_images; Ü3: 1 © Getty Images/iStock/rattodisabina; 2 © Getty Images/iStock/NARONGRIT; 3 © Getty Images/iStock/AndreyPopov; 4 © fotolia/Volker Witt; 5 © Getty Images/E+/anouchka; 6 © Getty Images/iStock/Ayman-Alakhras
S. 23: Ü4: Foto © Getty Images/iStock/simonkr; Ü6: Foto © Getty Images/iStock/TommL
S. 24: Ü2: Foto © Getty Images/iStock/assalve
S. 25: Ü4: Foto © Getty Images/iStock/Gajus; Ü5: Foto © Getty Images/iStock/sergeyryzhov
S. 26: Ü1: 1 © Getty Images/iStock/Drazen Zigic; 2 © Getty Images/iStock/Evgeniy-Shkolenko; 3 © Getty Images/iStock/yuriz; 4 © Getty Images/iStock/Ekaterina79; Ü2: Foto © Getty Images/iStock/hoozone
S. 27: Ü4: Foto © Getty Images/iStock/javitrapero
S. 28: Ü1: Kundendienst © Getty Images/iStock/Ridofranz; Onlinebanking © Getty Images/iStock/cnythzl; Programmierung © Getty Images/E+/alvarez; Rechtsberatung © Getty Images/iStocvk/Yok_Piyapong; Gewerbeamt © Production Perig – stock.adobe.com; Warenkatalog © Getty Images/iStock/AndreyPopov
S. 29: Ü5: Foto © Getty Images/iStock/RollingCamera
S. 30: Ü1: 1 © iStockphoto/JoKMedia; 2 © Getty Images/iStock/photo_world; 3 © iStock/winterling; 4 © Thinkstock/iStock/AndreaAstes; 5 © iStock/raclro; 6 © Getty Images/iStock/ronstik; 7 © Getty Images/iStock/membio; 8 © dispicture – stock.adobe.com; Ü2: Illustration © Getty Images/Digital Vision Vectors/South_agency
S. 31: Ü3b: Foto © Getty Images/E+/acilo; Ü4: Foto © Getty Images/E+/vm
S. 32: Ü1: A © Getty Images/iStock/webphotographeer; B © Getty Images/www.peopleimages.com; C © Getty Images/iStock/PIKSEL; D © Getty Images/iStock/Zephyr18; E © fizkes – stock.adobe.com; Ü2: Foto © Getty Images/iStock/gvictoria
S. 33: Ü3: Foto © Getty Images/iStock/izusek
S. 34: Ü1: Foto © Getty Images/E+/alvarez
S. 35: Ü3: Foto © Getty Images/E+/alvarez
S. 36: Copyrightzeichen © Getty Images/iStock/AndreyPopov; Wettbewerb © Getty Images/iStock/JackF; Wachstumsrate © Getty Images/iStock/Igor Kutyaev; Businessplan © Getty Images/iStock/AndreyPopov; Handelsmarke © Getty Images/iStock/AndreyPopov
S. 37: Ü4: Patentamt © WADII – stock.adobe.com
S. 38: Ü1: 1: Litfaßsäule © vollzeitjunge – stock.adobe.com; Plakat © Thinkstock/iStock/Suat Gürsözlü; 2 © Johanna Mühlbauer – stock.adobe.com; 3 © Getty Images/iStock/zhudifeng; 4 © Getty Images/E+/VioletaStoimenova; 5 © MclittleStock – stock.adobe.com; 6 © MclittleStock – stock.adobe.com; 7 © 0meer – stock.adobe.com; 8 © Getty Images/E+/SDI Productions
S. 39: Ü3b: Foto © Getty Images/iStock/scyther5
S. 40: Ü1: Lageplan © Getty Images/E+/andresr; Infopoint © Getty Images/iStock/gerenme; Rolltreppe © Getty Images/iStock/Mumemories; Kinderparadies © Getty Images/iStock/Family Veldman; Wickelraum © Getty Images/iStock/baona; Gastronomie © Getty Images/E+/andresr; Einkaufswagen © Getty Images/E+/Aja Koska; Schließfach © Getty Images/iStock/ginton; Parkhaus © Getty Images/iStock/mrak_hr; Einkaufskorb © Getty Images/E+/Moyo Studio
S. 41: Ü5: Foto © Getty Images/e+/MediaProduction
S. 42: Ü1: A © Getty Images/iStock/JackF; B © Getty Images/E+/urbazon; C © Getty Images/iStock/97; D © Thinkstock/iStock/JMLPYT; E © Thinkstock/iStock/vikif; F © Getty Images/E+/bluecinema; G © Getty Images/E+/Tassii; H © Getty Images/iStock/shironosov
S. 43: Ü4: Illustration © robu_s – stock.adobe.com; Ü6: Foto © Getty Images/iStock/Antonio_Diaz

S. 44: Ü3: 1 © Getty Images/iStock/AndreasWeber; 2 © volody10 – stock.adobe.com; 3 © MEV; 4 © iStockphoto/MarcusPhoto1; 5 © Getty Images/iStock/BlackJack3D; 6 © fotolia/p!xel 66
S. 45: Ü4: Foto © Getty Images/E+/FG Trade; Ü6: Foto © Getty Images/iStock/FangXiaNuo
S. 46: Ü1: Foto © Henry Schmitt – stock.adobe.com; Ü2: 1 © ECOVIN; 2 © Getty Images/DigitalVision Vectors/jack0m; 3 © Bundesministerium für Ernährung und Landwirtschaft (BMEL); 4 © Fairtrade Deutschland; 5 © Getty Images/iStock/Shaperstock; 6 © mbc2011 – stock.adobe.com; 7 © Europäische Union, 2021
S. 47: Ü3: Foto © Monkey Business – stock.adobe.com
S. 48: Ü1: Tabak © Getty Images/iStock/BreakingTheWalls; Schnaps © Getty Images/iStock/Zerbor; Filter © Getty Images/iStock/Andrija1; Zigarettenpapier © Gresei – stock.adobe.com; Lottoschein © Getty Images/iStock/Ralf Geithe; Los © Getty Images/iStock/piola666; Lakritze © Getty Images/iStock/Juanmonino
S. 49: Ü3: 1 © Victor – stock.adobe.com; 2 © PantherMedia/PetroP; 3 © Getty Images/iStock Editorial/Panama7; 4 © Getty Images/stone/Michael Duva; Ü4: Foto © Getty Images/E+/Hispanolistic
S. 50: Ü1: Verkaufsraum © Getty Images/iStock/JackF; Backstube © Getty Images/iStock/vuk8691
S. 51: Ü5: Foto © Getty Images/iStock/AnnaStills
S. 52: Ü1: 1 © Getty Images/iStock/benedek; 2 © Getty Images/iStock/Elmar Gubisch; 3 © Thinkstock/iStock/AlexRaths; 4 © Thinkstock/iStock/Armastas; 5 © Getty Images/iStock/AndreySt; 6 © Getty Images/iStock/jenifoto; 7 © Getty Images/E+/andresr; 8 © Getty Images/E+/fcafotodigital; 9 © Thinkstock/iStock/AndreasWeber; Ü3: Foto © Getty Images/E+/RgStudio
S. 53: Ü4: 1 © Getty Images/iStock/Kondor83; 2 © Getty Images/iStock/Arijuhani; 3 © Getty Images/iStock/gkrphoto; 4 © Getty Images/iStock/Loren Klein; 5 © Getty Images/iStock/herraez
S. 54: Ü1: 1 © Thinkstock/iStock/dancestrokes; 2 © Getty Images/iStock/PainterSaba; 3 © Thinkstock/iStockphoto; 4 © Getty Images/iStock/Iryna Mishyna; 5 © Getty Images/iStock/gresei; 6 © Thinkstock/Photodisc/Thomas Northcut; 7 © Thinkstock/iStock/Hyrma
S. 55: Ü4: Foto © Getty Images/iStock/JackF
S. 56: Ü1: Wanderschuh © Thinkstock/iStock/jokos78; Schlafsack © Thinkstock/iStock/ZavgSG; Zelt © euthymia – stock.adobe.com; Outdoorjacke © Getty Images/E+/domin_domin; Taschenmesser © iStock/fpm; Mehrwegbecher © Getty Images/iStock/Premyuda Yospim; Trinkflasche © Thinkstock/Zoonar RF
S. 57: Ü5: Foto © sablinstanislav – stock.adobe.com; Ü7: Foto © Getty Images/E+/Andrey Danilovich
S. 58: Ü1: 1 © Getty Images/iStock/Iurii Garmash; 2 © Schwoab – stock.adobe.com; 3 © Getty Images/iStock/urfinguss; 4 © Getty Images/iStock/mikhail badaev; 5 © Getty Images/E+/manley099; 6 © Thinkstock/iStock/koosen; 7 © Thinkstock/iStock/Zoonar RF; 8 © PantherMedia/Danny Smythe; 9 © stockpics – stock.adobe.com; 10 © Thinkstock/iStock/svariophoto; 11 © Getty Images/iStock/freie-kreation; 12 © Getty Images/iStock/lcs813
S. 59: Ü4: Foto © Thinkstock/iStock/branex
S. 60: Ü1: abstecken © Getty Images/iStock/Viacheslav Peretiatko; anprobieren © Getty Images/Stockbyte/David Woolley; aufhängen © Getty Images/iStock/fizkes; kürzen © Getty Images/iStock/TommL; Maß nehmen © iStock/svetikd; zusammenlegen © Getty Images/E+/Kosamtu; Ü2: Illustration © Getty Images/iStock/tarras79
S. 61: Ü5: Foto © Getty Images/iStock/FabrikaCr
S. 62: Ü1: A © Thinkstock/iStock/StudioAnnika; B © Myimagine – stock.adobe.com; C © Getty Images/iStock/ACIDmit; D © Shutterstock.com/Igor Kovalchuk; E © Thinkstock/iStock/S847; F © Thinkstock/iStock/Tarzhanova; G © Getty Images/iStock/Asobinin; H © Getty Images/iStock/NYS444; I © Getty Images/iStock/Danijela Racic; Ü2: A – G © Getty Images/iStock/cveiv
S. 63: Ü4: Foto © PUNTO STUDIO FOTO AG – stock.adobe.com
S. 64: Ü1: 1 © Getty Images/iStock/ArtHdesign; 2 © fotolia/Steffen Eirich; 3 © Getty Images/iStock/deepblue4you; 4 © euthymia – stock.adobe.com; 5 © fotolia/fantasy; 6 © iStockphoto/Amorphis; 7 © Getty Images/iStock/MileA; 8 © Thinkstock/iStock/Pogotskiy; 9 © Getty Images/E+/luismmolina
S. 65: Ü4: Gerschirrspüler © Thinkstock/iStockphoto
S. 66: Ü1: Foto © Getty Images/iStock/Axel Bueckert; Ü2: 1 © Getty Images/iStock/errantraite; 2 © Getty Images/iStock/Wicki58; 3 © Getty Images/iStock/LumineImages; 4 © Getty Images/iStock/Thomas Demarczyk; 5 © Getty Images/iStock/Ralf Geithe; 6 © Getty Images/iStock/artisteer; 7 © Getty Images/E+/TommL; 8 © Getty Images/iStock/ALEKSEI BEZRUKOV
S. 67: Ü3: Foto links © calypso77 – stock.adobe.com; Foto rechts Collage: Thunfischdose © iStock/adventtr; Supermarkt © Getty Images/iStock/s-cphoto
S. 68: Ü2: 1 © Getty Images/iStock/AndreyPopov; 2 © Thinkstock/iStock/monkeybusinessimages; 3 © iStock/quelqun; 4 © Getty Images/iStock/ronstik; 5 © Getty Images/iStock/AndreyPopov; 6 © Getty Images/iStock/Supersmario; Ü3: Foto © Getty Images/iStock/esolla
S. 69: Ü4a: Foto © Shutterstock.com/urfin
S. 70: Ü1: 1 © Getty Images/iStock/fotograv; 2 © Getty Images/iStock/MachineHeadz; 3 © Getty Images/iStock/Acropaq; 4 © Getty Images/iStock/karenfoleyphotography; 5 © Getty Images/iStock/susandaniels; 6: Collage aus 1 – 6; Ü3: Überwachungskamera © Thinkstock/iStock/MeePoohyaphoto; Alarmanlage © Getty Images/iStock/KangeStudio
S. 71: Ü7: Foto © Thinkstock/Photodisc/Ryan McVay
S. 72: Ü1: 1 © Getty Images/iStock/Tasha Vector; 2 © Getty Images/iStock/Iuliia Konovaliuk; 3 © Getty Images/iStock/Mack15; 4 © iStock/Tjanze; Ü3: Foto © Getty Images/iStock/Jevtic
S. 73: Ü4: 1 © Getty Images/iStock/Animaflora; 2 © Getty Images/E+/GaryAlvis; 3 © Getty Images/iStock/chameleonseye; 4 © Thinkstock/iStock/travellinglight; 5 © Getty Images/E+/baranozdemir; 6 © fotolia/Claudia Paulussen; 7 © Getty Images/iStock/curtoicurto

Bildredaktion: Sophie Bischoff, Hueber Verlag, München

Inhalt des MP3-Downloads zum Buch:

Sprecher:innen: Sebastian Höffner, Patricia Strasburger, Alexander Wohnhaas, Annette Wunsch

Produktion: Atrium Studio Medienproduktion GmbH, München